ספר בישול הדבש האולטימטיבי

מתכונים מתוקים ומלוחים לתענוגות טבעיים. גלה את מתיקות הזהב של הדבש - מארוחת בוקר ועד קינוח, שחרר את כוחו של הממתיק של הטבע

ציִשבייא ידג

תוכן העניינים

מבוא

ברוכים הבאים לעולם הדבש! בספר בישול זה, אנו מזמינים אתכם להתמכר למתיקות הזהב של המתנה המדהימה של הטבע. דבש מוקיר במשך מאות שנים כממתיק טבעי ומקור לטעמים מדהימים וליתרונות בריאותיים. ספר הבישול הזה הוא המדריך האולטימטיבי שלך למיצוי מלוא הפוטנציאל של הדבש במגוון מתכונים טעימים, מתוקים ומלוחים כאחד.

דבש אינו רק תחליף לסוכר; זהו אוצר קולינרי המוסיף עומק, מורכבות ומגע של מתיקות טבעית למנות שלך. מארוחות בוקר מועדפות ומתאבנים מפתים ועד למנות עיקריות משביעות וקינוחים שאי אפשר לעמוד בפניהם, ספר הבישול הזה חוגג את הרבגוניות והעושר של יצירות מושרות דבש.

בתוך דפים אלה, תגלו אוצר של מתכונים המציגים את מגוון הטעמים והמרקמים המדהים שהדבש יכול להביא לשולחן שלכם. מבשרים מזוגגים בדבש וירקות צלויים ועד מאפים מושרים בדבש וממתקים דקדנטיים, אספנו אוסף שמדגיש את היישומים המגוונים של מרכיב יוצא דופן זה. כל מתכון מעוצב מתוך מחשבה כדי להוציא את מיטב המתיקות הטבעית של הדבש תוך השלמה לטעמים אחרים.

אבל ספר הבישול הזה הוא יותר מסתם אוסף של מתכוני דבש. אנו נדריך אותך בין הסוגים והזנים השונים של הדבש, נשתף בתובנות לגבי היתרונות הבריאותיים שלו, ונספק טיפים לבחירת הדבש האיכותי ביותר למנות שלך. בין אם אתה חובב דבש או חדש בשילובו בבישול שלך, אנחנו כאן כדי לעזור לך לאמץ את העושר והרבגוניות של סם הזהב הזה.

אז, בין אם אתם מחפשים אלטרנטיבה בריאה יותר לסוכר מזוקק, בוחנים שילובי טעמים חדשים, או פשוט מתענגים על המתיקות הטבעית של הדבש, תן ל"ספר הבישול האולטימטיבי של הדבש" להיות המדריך שלך. התכוננו לצאת למסע שישנה את היצירות הקולינריות שלכם ויביא את תמצית הממתיק של הטבע למטבח שלכם.

רקוב תחורא

1.לחם טופי חלת דבש

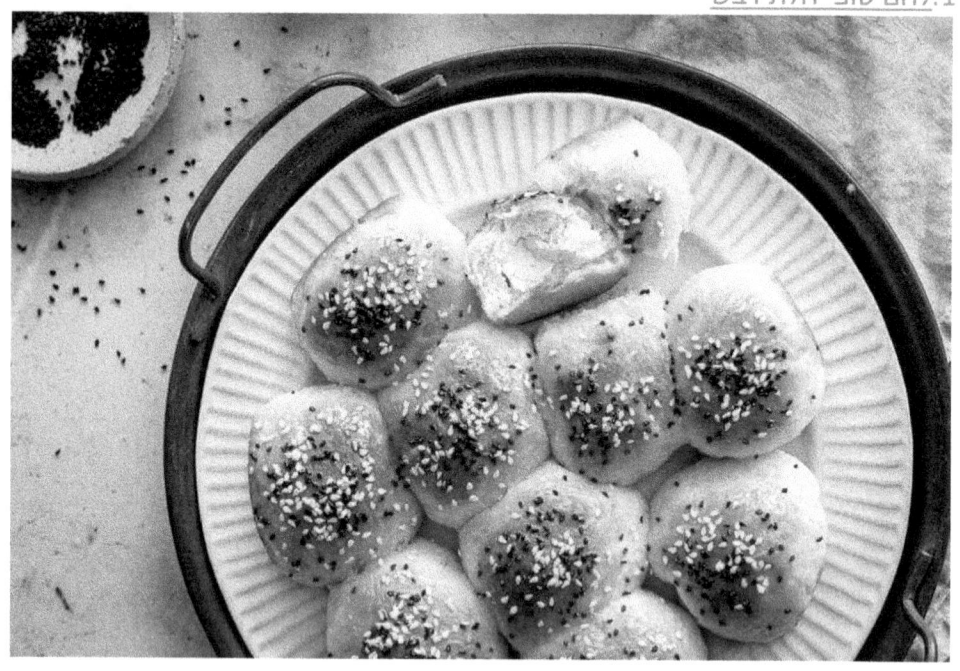

רכיבים:

- 3 כוסות קמח לכל מטרה
- 2 כפיות שמרים יבשים פעילים
- 1 כפית מלח
- 2 כפות דבש
- 1 כוס מים חמימים
- ¼ כוס חמאה מומסת
- ½ כוס טופי חלת דבש כתוש (לא חובה)

הוראות:

a) בקערת ערבוב גדולה מערבבים את הקמח, השמרים והמלח.

b) בקערה נפרדת מערבבים את הדבש והמים החמים עד שהדבש נמס.

c) יוצקים את תערובת המים-דבש לתערובת הקמח ומערבבים היטב ליצירת בצק.

d) ללוש את הבצק על משטח מקומח קלות כ-5-7 דקות, עד לקבלת בצק חלק ואלסטי.

e) מניחים את הבצק בקערה משומנת, מכסים אותו במגבת מטבח נקייה ומתפיחים במקום חמים כשעה או עד להכפלת נפחו.

f) מחממים את התנור ל-375 מעלות צלזיוס (190 מעלות צלזיוס).

g) מחוררים את הבצק התפוח ומעצבים ממנו כיכר.

h) מניחים את הכיכר בתבנית משומנת ומברישים את החלק העליון בחמאה מומסת.

i) מפזרים את טופי חלת הדבש הכתוש על החלק העליון של הכיכר, מהדקים אותו קלות לתוך הבצק.

j) אופים את הלחם בתנור שחומם מראש במשך 25-30 דקות או עד להזהבה.

k) מוציאים את הלחם מהתנור ונותנים לו להתקרר על רשת לפני שפורסים ומגישים.

2.מילקשייק סוכריות חלת דבש

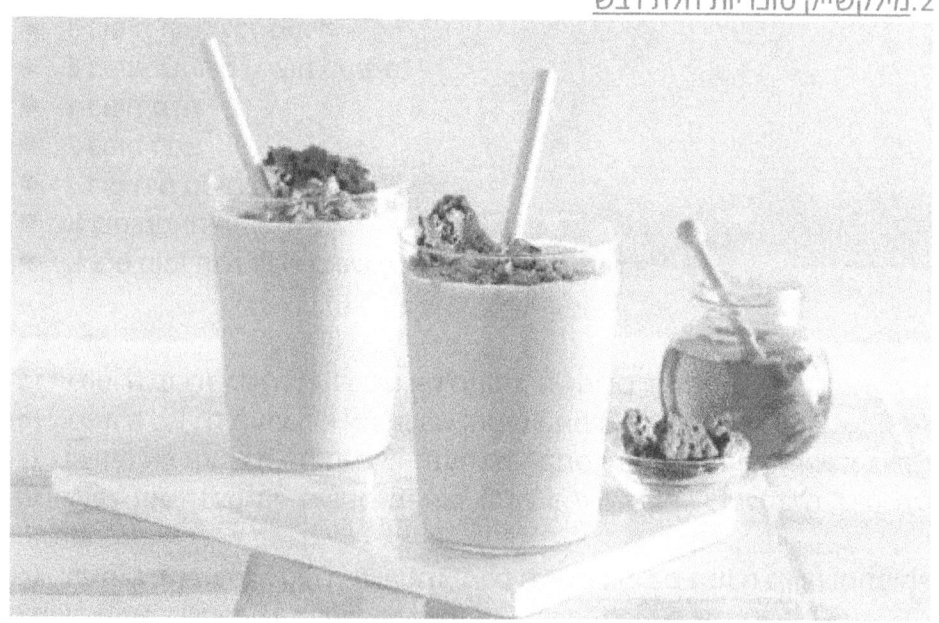

רכיבים:

- 2 כוסות גלידת וניל
- 1 כוס חלב
- ½ כוס סוכריות חלת דבש, מרוסקות
- קצפת לציפוי

הוראות:

a) מערבבים בבלנדר את גלידת הוניל, החלב וממתקי חלת הדבש הכתוש.

b) מערבבים עד לקבלת מרקם חלק וקרמי.

c) מוזגים את המילקשייק לכוס.

d) מעל קצפת וממתק חלת דבש כתוש נוסף.

e) תיהנו ממילקשייק סוכריות חלת דבש המפנק הזה לארוחת בוקר.

3. פרפה דגני חלת דבש

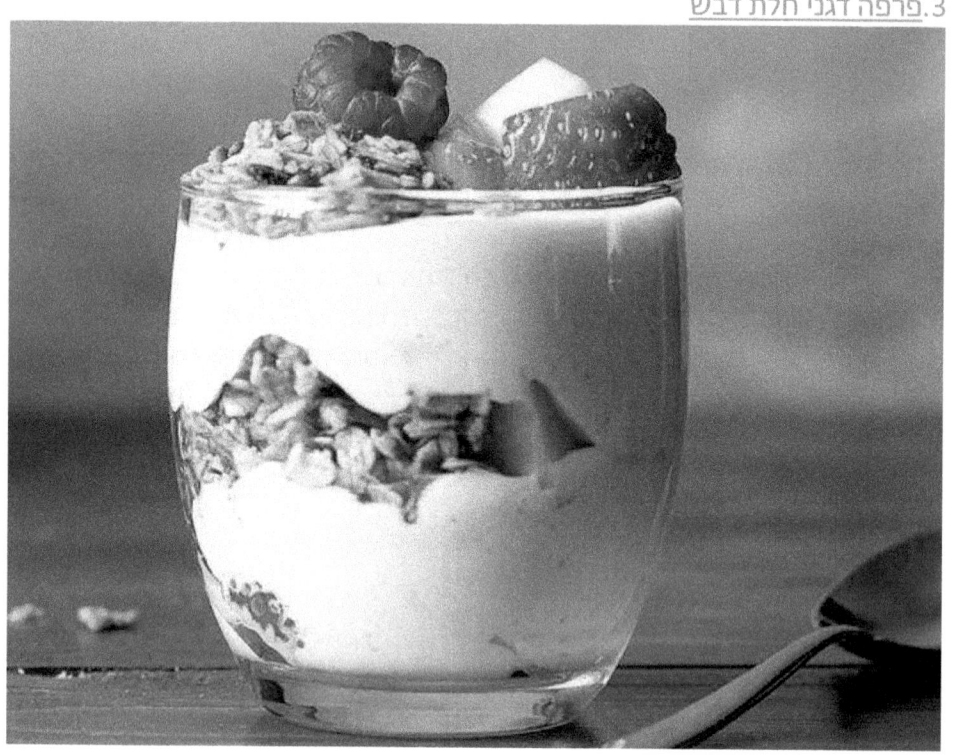

רכיבים:

- 1 כוס דגני בוקר חלת דבש
- 1 כוס יוגורט יווני
- 1 כוס פירות יער טריים מעורבים
- דבש לטפטוף

הוראות:

a) בבוס או צנצנת, שכבת דגני בוקר, יוגורט יווני ופירות יער טריים מעורבים.
b) מטפטפים דבש על כל שכבה.
c) חוזרים על השכבות עד לשימוש במרכיבים.
d) למעלה עם טפטוף נוסף של דבש וכמה חתיכות דגני בוקר.
e) הגישו והתענגו על פרפה דגני בוקר פריך ומתוק זה.

4.לביבות סוכריות חלת דבש

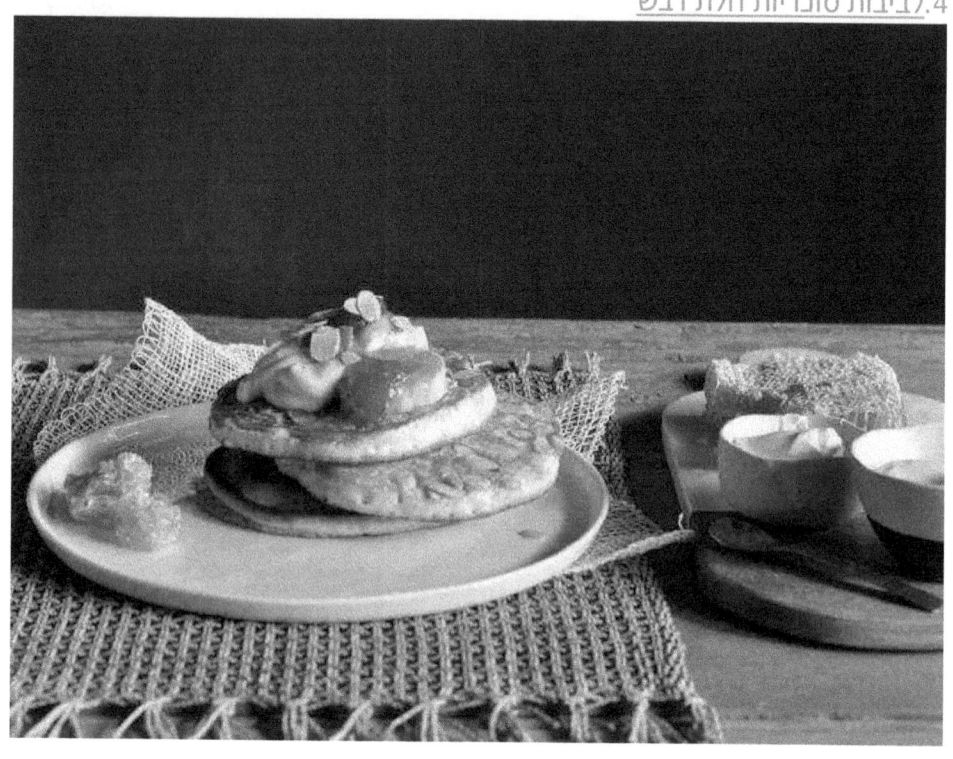

רכיבים:

- 1 ½ כוסות קמח לכל מטרה
- 2 כפות סוכר
- 1 כף אבקת אפייה
- ½ כפית מלח
- 1 כוס חלב
- ביצה 1
- 2 כפות חמאה מומסת
- ½ כוס סוכריות חלת דבש, מרוסקות
- חמאה או שמן לטיגון

הוראות:

a) מערבבים בקערת מיקסר את הקמח, הסוכר, אבקת האפייה והמלח.

b) בקערה אחרת, טורפים יחד את החלב, הביצה, החמאה המומסת וממתקי חלת הדבש המרוסקים.

c) יוצקים את החומרים הרטובים לתוך החומרים היבשים ומערבבים רק עד שהם מתאחדים.

d) מחממים מחבת פסים או מחבת על אש בינונית ומשמנים אותה בחמאה או בשמן.

e) יוצקים ¼ כוס הבלילה על הרשת עבור כל פנקייק.

f) מבשלים עד שנוצרות בועות על פני השטח, ואז הופכים ומבשלים עד להזהבה.

g) הגישו את לביבות ממתק חלת הדבש עם סוכריות חלת דבש כתוש נוספות ותוספות לבחירתכם.

5.שיבולת שועל של ממתק חלת דבש

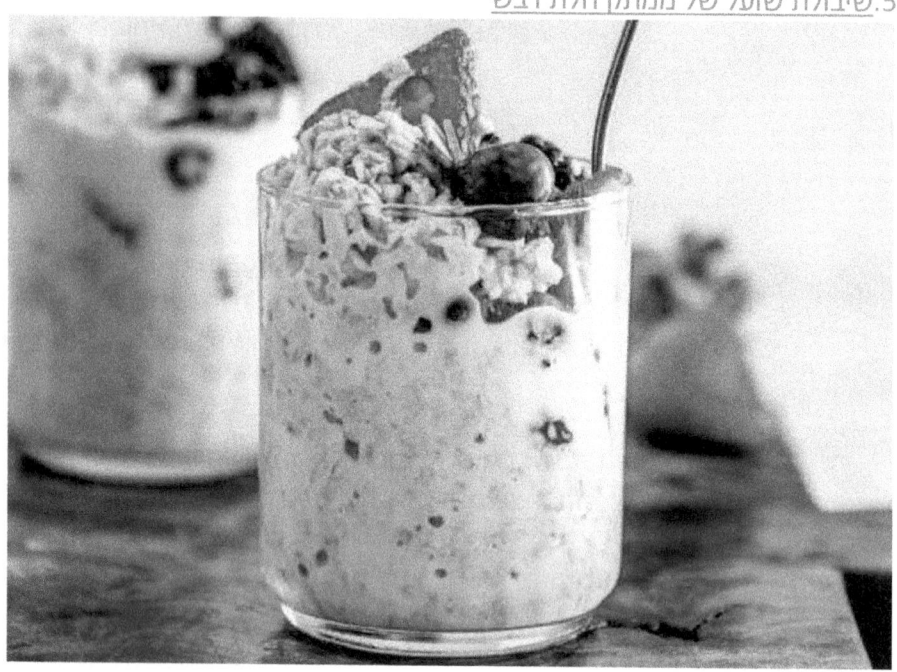

רכיבים:
- ½ כוס שיבולת שועל מגולגלת
- ½ כוס חלב (חלבי או על בסיס צמחי)
- ½ כוס יוגורט יווני
- 1 כף דבש
- ¼ כוס סוכריות חלת דבש, מרוסקות
- פירות טריים לציפוי

הוראות:
a) בצנצנת או במיכל, שלבו את שיבולת השועל המגולגלת, החלב, היוגורט היווני והדבש.
b) מערבבים היטב לאיחוד.
c) מפזרים סוכריות חלת דבש כתוש על התערובת.
d) מכסים את הצנצנת או המיכל ומעבירים למקרר ללילה.
e) בבוקר מערבבים היטב את שיבולת השועל.
f) למעלה עם פירות טריים וממתק חלת דבש כתוש נוסף.
g) תיהנו מממתק חלת דבש קל וטעים זה משיבולת שועל ללילה.

6.פרנץ' טוסט ממתק חלת דבש

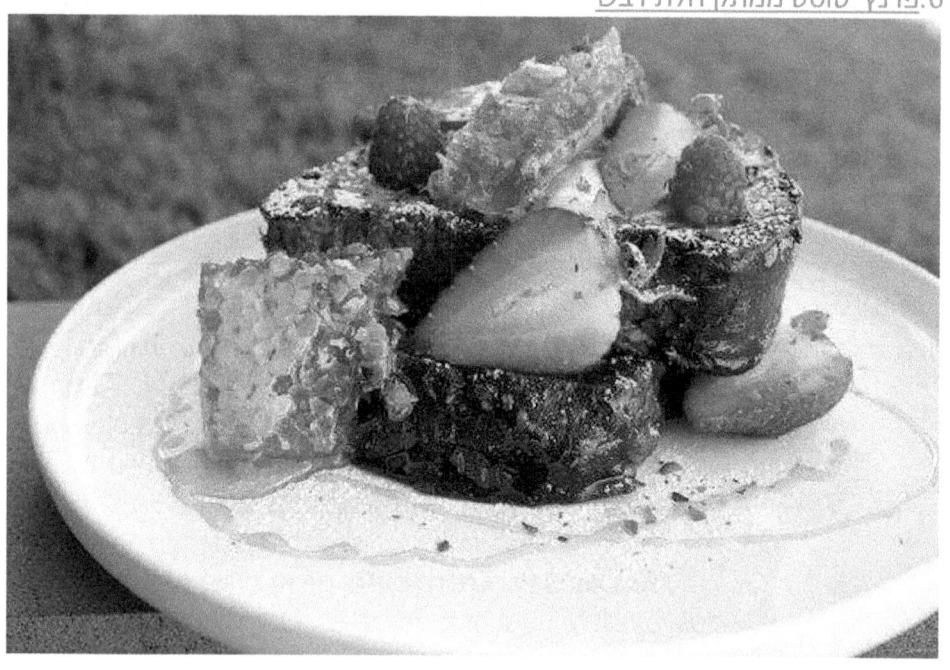

רכיבים:

- 4 פרוסות לחם
- 2 ביצים
- ¼ כוס חלב
- ½ כפית תמצית וניל
- חמאה לטיגון
- דבש לטפטוף
- ממתק חלת דבש, מרוסק

הוראות:

a) בקערה רדודה, טורפים יחד את הביצים, החלב ותמצית הווניל.
b) טובלים כל פרוסת לחם בתערובת הביצים, מצפים את שני הצדדים.
c) מחממים מחבת על אש בינונית וממיסים מעט חמאה.
d) מניחים את פרוסות הלחם הטבולות במחבת ומבשלים עד להזהבה מכל צד.
e) מגישים את הפרנץ' טוסט עם טפטוף דבש, בוזקים ממתק חלת דבש כתוש.
f) תיהנו מממתקי חלת דבש פרנץ' טוסט מתוק ופריך.

7.<u>קערת יוגורט ממתק חלת דבש</u>

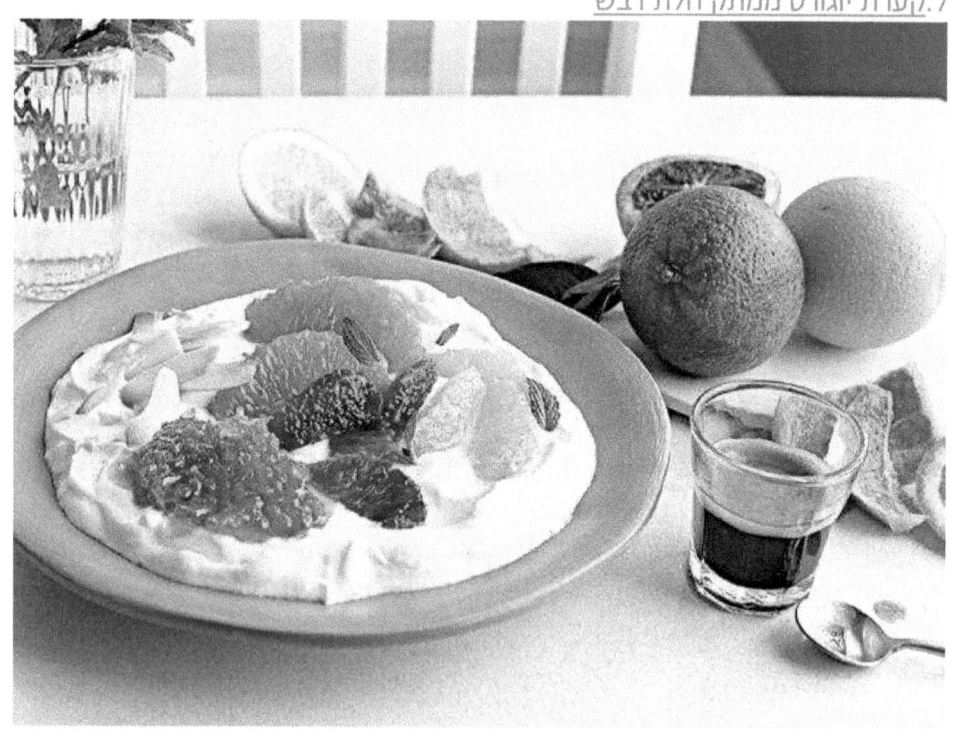

רכיבים:

- 1 כוס יוגורט יווני
- 2 כפות דבש
- ¼ כוס סוכריות חלת דבש, מרוסקות
- פירות טריים לציפוי

הוראות:

a) מערבבים בקערה את היוגורט היווני והדבש.

b) מפזרים סוכריית חלת דבש כתוש על היוגורט.

c) למעלה עם פירות טריים.

d) מערבבים היטב ונהנים מקערת יוגורט מושחתת דבש זו.

8.שייק דגני חלת דבש

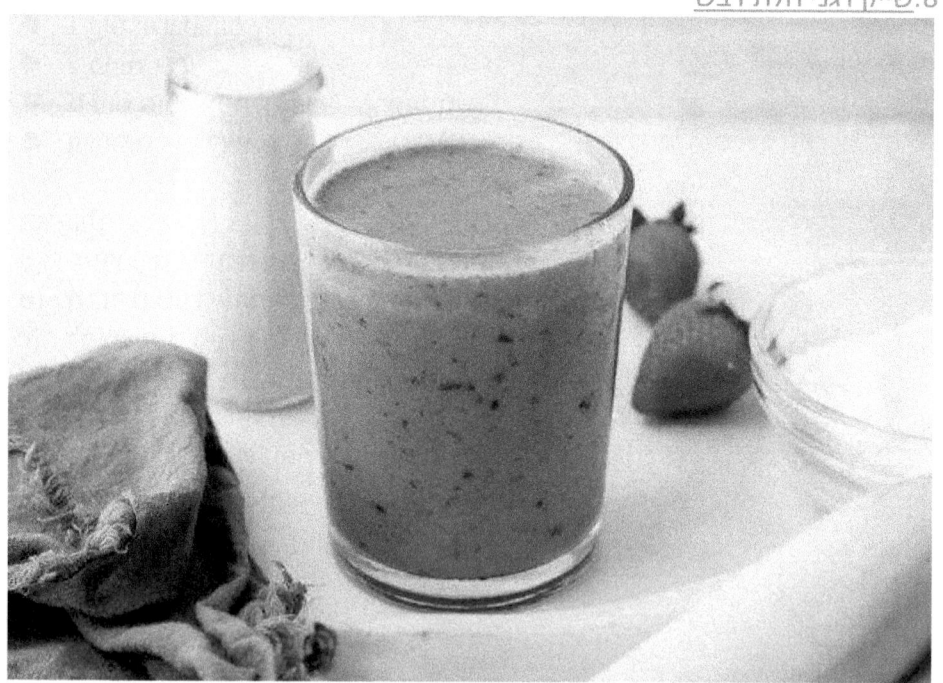

רכיבים:

- 1 בננה בשלה
- 1 כוס פירות יער מעורבים קפואים
- ½ כוס דגני בוקר חלת דבש
- 1 כוס חלב (חלבי או על בסיס צמחי)
- 1 כף דבש

הוראות:

a) בבלנדר, שלבו את הבננה בשלה, פירות יער מעורבים קפואים, דגני חלת דבש, חלב ודבש.

b) מערבבים עד לקבלת מרקם חלק וקרמי.

c) מוזגים את השייק לכוס.

d) מקשטים עם פזר של דגני בוקר חלת דבש מעל.

e) תיהנו משייק דגני בוקר חלת דבש לארוחת בוקר מהירה וממריצה.

רכיבים:

- 1 ½ כוסות קמח לכל מטרה
- 2 כפות סוכר
- 1 כף אבקת אפייה
- ½ כפית מלח
- 1 כוס חלב
- ¼ כוס שמן צמחי
- 2 ביצים
- ½ כפית תמצית וניל
- ½ כוס סוכריות חלת דבש, מרוסקות

הוראות:

a) מחממים מגהץ וופל לפי הוראות היצרן.

b) מערבבים בקערת מיקסר את הקמח, הסוכר, אבקת האפייה והמלח.

c) בקערה אחרת, טורפים יחד את החלב, שמן צמחי, ביצים ותמצית וניל.

d) יוצקים את החומרים הרטובים לתוך החומרים היבשים ומערבבים רק עד שהם מתאחדים.

e) מערבבים פנימה את ממתק חלת הדבש הכתוש.

f) חולצים את הבלילה על מגהץ הוופלים שחומם מראש ומבשלים עד להזהבה ופריכה.

g) מגישים את הוופלים ממתק חלת הדבש עם טפטוף דבש וממתק חלת דבש מרוסק במיוחד.

10.שייק בננה חלת דבש

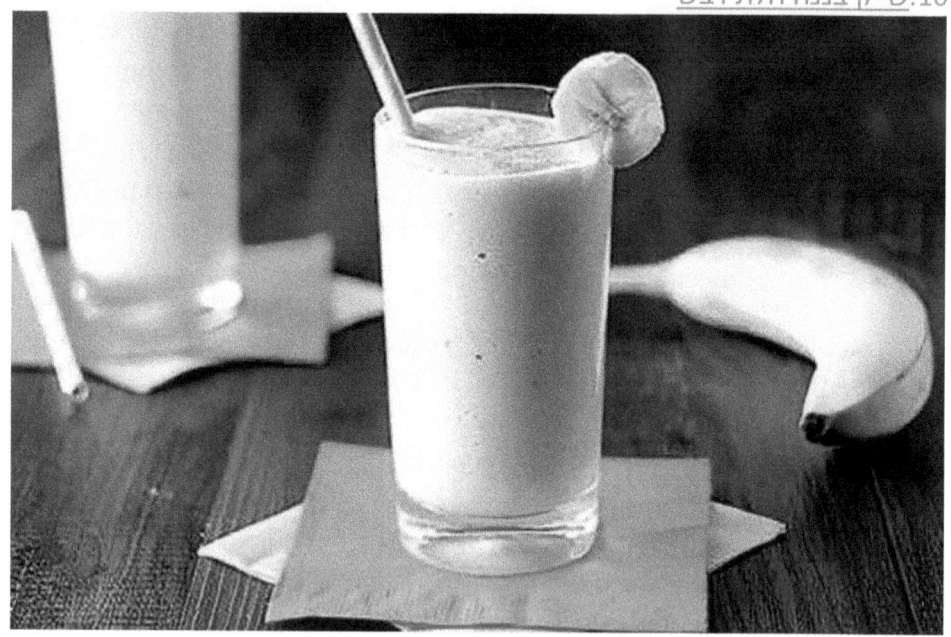

רכיבים:

- 1 בננה קפואה
- 1 כוס חלב שקדים (או החלב המועדף עליך)
- ¼ כוס דגני בוקר חלת דבש
- 1 כף דבש
- קוביות קרח (לא חובה)

הוראות:

a) מערבבים בבלנדר את הבננה הקפואה, חלב השקדים, דגני היערת הדבש והדבש.
b) מערבבים עד לקבלת מרקם חלק וקרמי.
c) מוסיפים קוביות קרח אם רוצים ומערבבים שוב.
d) מוזגים את השייק לכוס.
e) מקשטים עם פזר של דגני בוקר חלת דבש מעל.
f) תיהנו משייק דגני בוקר חלת דבש במשקה טעים וממלא.

11.ממתק חלת דבש פרפוצ'ינו

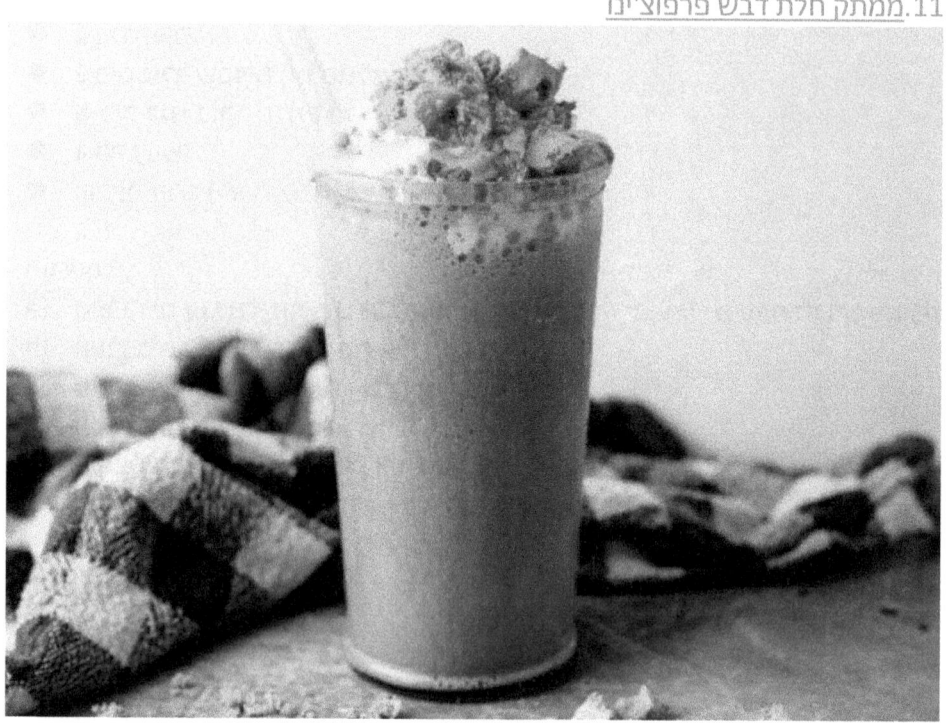

רכיבים:

- 1 כוס קפה מבושל חזק, צונן
- ½ כוס חלב (חלבי או על בסיס צמחי)
- ¼ כוס סוכריות חלת דבש, מרוסקות
- 2 כפות סוכר
- קוביות קרח
- קצפת (לא חובה)

הוראות:

a) מערבבים בבלנדר את הקפה הצונן, החלב, סוכריות חלת הדבש הכתושות, הסוכר וחופן קוביות קרח.
b) מערבבים עד לקבלת תערובת אחידה וקצף.
c) מוזגים את הפרפוצ'ינו לכוס.
d) מלמעלה עם קצפת וממתק נוסף של חלת דבש כתוש אם רוצים.
e) תהנה ממתק חלת הדבש הזה פרפוצ'ינו במשקה מענג וממריץ.

12.תה קר ממתק חלת דבש

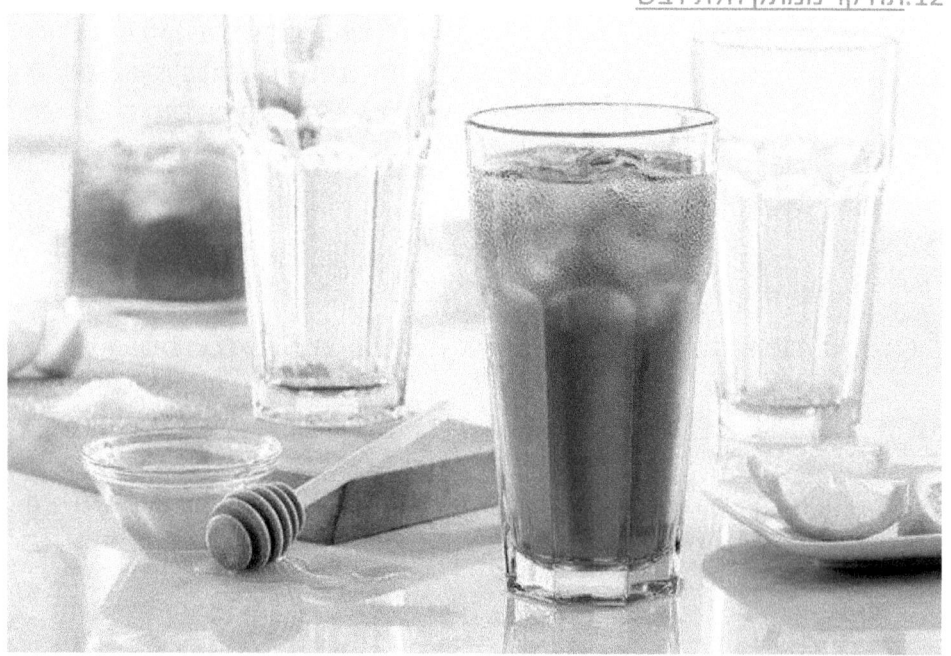

רכיבים:

- 2 כוסות תה מבושל (שחור או צמחי), צונן
- ¼ כוס דבש
- ¼ כוס סוכריות חלת דבש, מרוסקות
- פרוסות לימון (לא חובה)

הוראות:

a) שלבו בקנקן את התה המבושל הצונן, הדבש וממתקי חלת הדבש הכתושים.

b) מערבבים עד שממתק חלת הדבש נמס.

c) מוסיפים פרוסות לימון אם רוצים לתוספת טעם.

d) ממלאים כוסות בקוביות קרח ושופכים את תה קר ממתק חלת הדבש על הקרח.

e) הגישו ותהנו מתה קר ממתק חלת דבש זה ביום חם.

13.לאטה של סוכריות חלת דבש

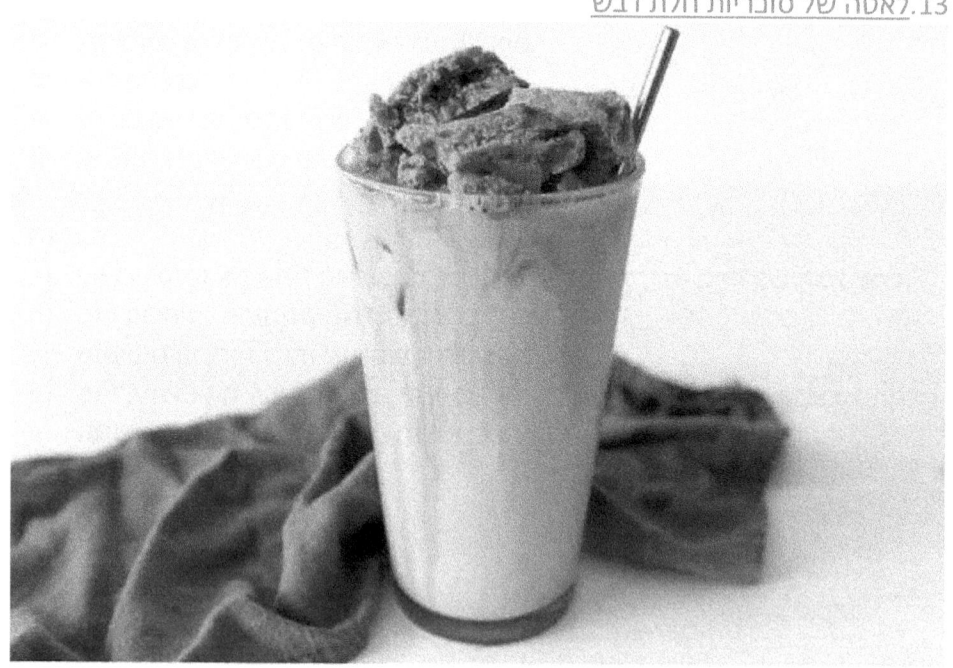

רכיבים:

- כוס אחת של אספרסו (או קפה מבושל חזק)
- 1 כוס חלב (חלבי או על בסיס צמחי)
- 2 כפות דבש
- ¼ כוס סוכריות חלת דבש, מרוסקות
- אבקת קקאו או קינמון לניקוי אבק (לא חובה)

הוראות:

a) בסיר מחממים את החלב והדבש על אש בינונית עד שהם חמים אך לא רותחים.
b) מקציפים את החלב בעזרת מקציף או מטרפה עד שהוא הופך לקרמי.
c) מוזגים את האספרסו או הקפה לספל.
d) מוסיפים את תערובת החלב החמה לספל, תוך ערבוב עדין.
e) מפזרים מלמעלה סוכריות חלת דבש כתוש.
f) לפדר באבקת קקאו או קינמון אם רוצים.
g) תהנה לאטה ממתק חלת דבש במשקה מנחם ומלא טעם.

14.תה חלב ממתקים חלת דבש

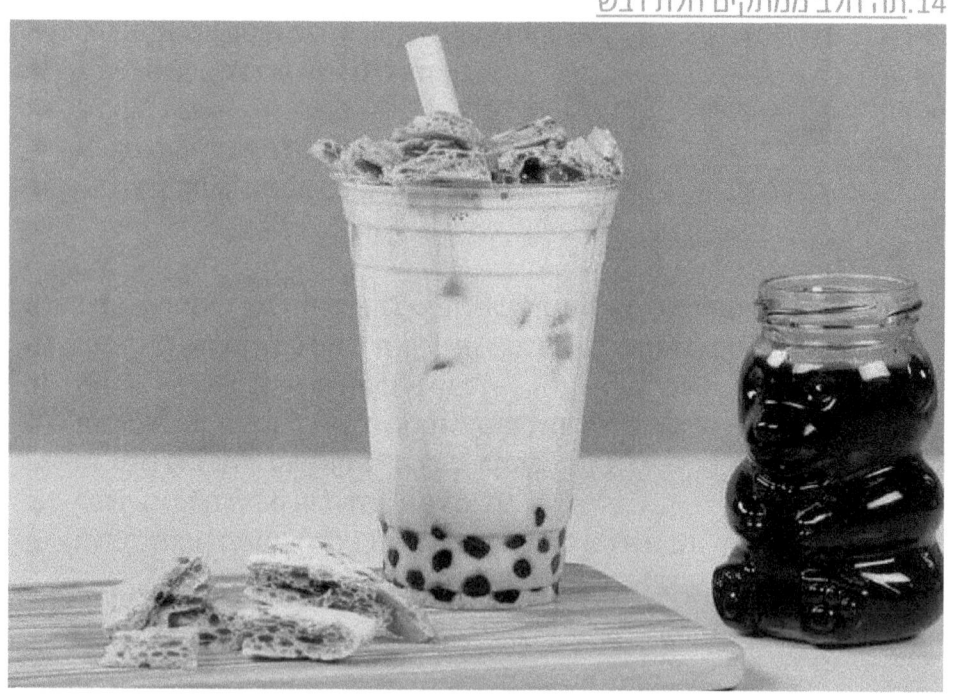

רכיבים:

- ½ כוס פניני טפיוקה (בובה)
- 2 כוסות מים
- ¼ כוס סוכריות חלת דבש, מרוסקות לחתיכות קטנות
- תה לבחירתכם (תה שחור, תה ירוק או כל טעם אחר)
- חלופה חלבית או שאינה חלבית
- ממתיק (לא חובה)
- קוביות קרח

הוראות:

a) מבשלים את פניני הטפיוקה (בובה) לפי הוראות האריזה. בדרך כלל, תצטרכו להביא סיר מים לרתיחה, להוסיף את פניני הבובה ולבשל עד שהן רכות ולעיסות. מסננים ושוטפים את הפנינים המבושלות במים קרים.

b) בכוס מניחים בתחתית את ממתק חלת הדבש הכתוש.

c) הכינו את בחירת התה על ידי חליטתו לפי הוראות האריזה. אתה יכול להכין אותו חם או קר, תלוי בהעדפה שלך.

d) לאחר שהתה מוכן, יוצקים אותו על ממתק חלת הדבש הכתוש שבכוס.

e) מוסיפים לכוס את פניני הטפיוקה המבושלות (בובה).

f) אם רוצים, מוסיפים ממתיק לתה ומערבבים עד שהוא נמס.

g) הוסף חלב או חלופה לא חלבית לכוס, השאר קצת מקום בחלק העליון לקרח.

h) מערבבים את התערובת בעדינות לאיחוד כל המרכיבים.

i) הוסף קוביות קרח כדי לצנן את המשקה ולתת לו מגע מרענן.

j) הכניסו לכוס קשית גדולה או קשית בובה, מה שמאפשר לכם ליהנות מממתקי חלת הדבש ומפניני הבובה יחד תוך לגימת המשקה.

k) תנו למשקה ערבוב אחרון, והוא מוכן ליהנות ממנו!

15.סוכריות חלת דבש שוקו חם

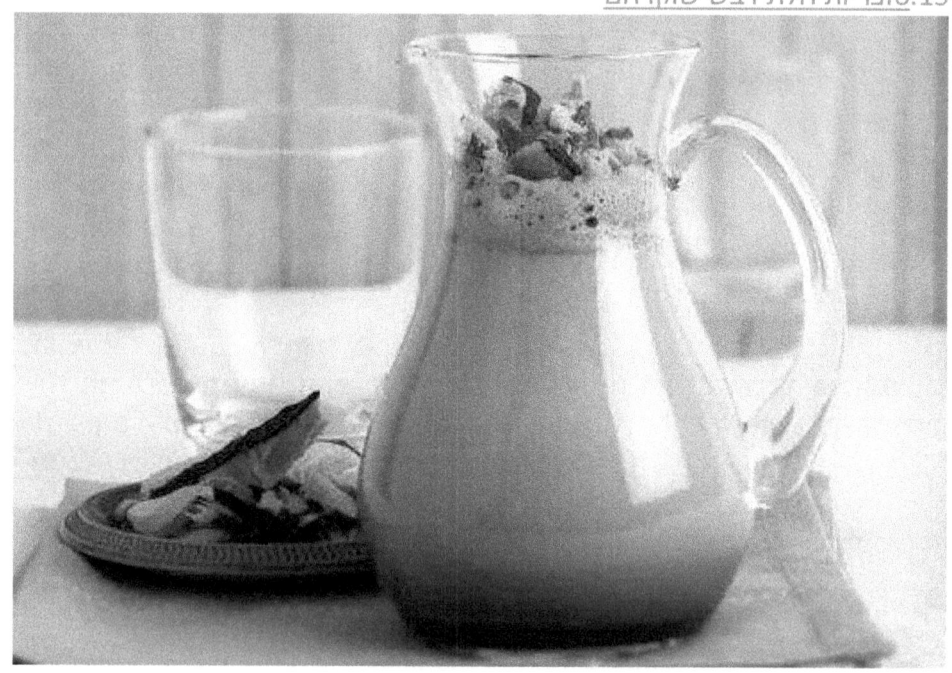

רכיבים:

- 2 כוסות חלב (חלבי או על בסיס צמחי)
- 2 כפות אבקת קקאו
- 2 כפות סוכר
- ¼ כוס סוכריות חלת דבש, מרוסקות
- קצפת ושבבי שוקולד לציפוי (לא חובה)

הוראות:

a) בסיר מחממים את החלב על אש בינונית עד שהוא חם אך לא רותח.
b) מקציפים פנימה את אבקת הקקאו והסוכר עד לקבלת תערובת אחידה וחלקה.
c) מוסיפים את ממתק חלת הדבש הכתוש לתערובת השוקולד החמה.
d) ממשיכים לחמם ולערבב עד שממתק חלת הדבש נמס.
e) יוצקים את השוקולד החם לספלים.
f) מעל קצפת ושבבי שוקולד אם רוצִים.
g) תיהנו מהשוקולד החם של חלת הדבש העשיר והדקדנטי הזה ביום קריר.

16.חלב דגנים חלת דבש

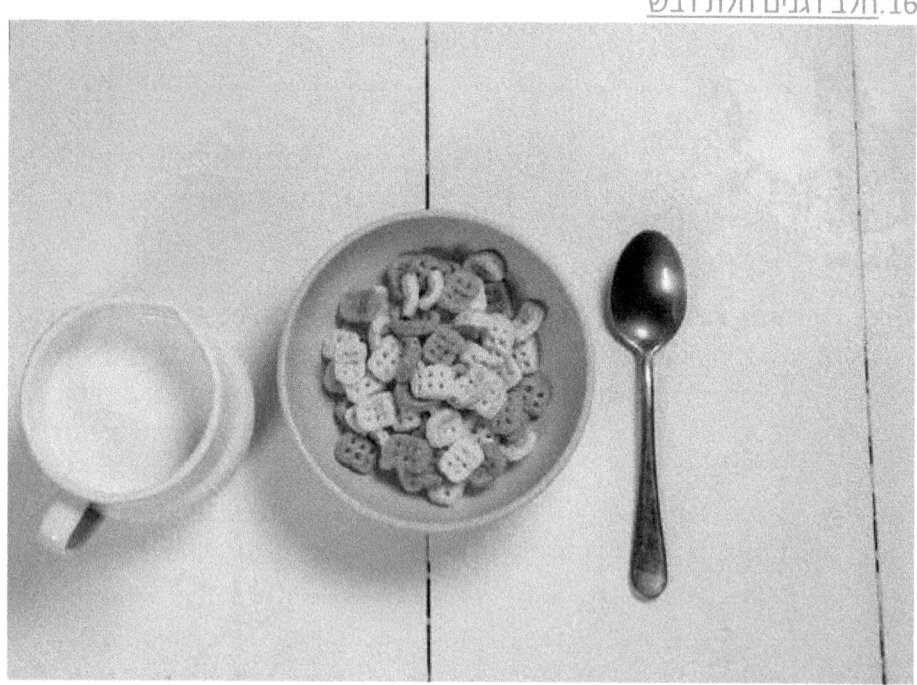

רכיבים:
- 2 כוסות חלב (חלבי או על בסיס צמחי)
- 1 כוס דגני בוקר חלת דבש

הוראות:
a) יוצקים את החלב לקערה.
b) מוסיפים את דגני החלת לחלב.
c) מערבבים בעדינות כדי לערבב את הדגנים לתוך החלב.
d) הניחו לתערובת לשבת כ-10 דקות, תנו לדגנים להחדיר לחלב טעם.
e) מסננים את החלב כדי להסיר את מוצקי הדגנים, אם רוצים.
f) הגישו את חלב דגני היער מצונן או על קרח.
g) תיהנו מחלב דגנים נוסטלגי ומתוק זה כמשקה מענג.

מְתָאבְנִים

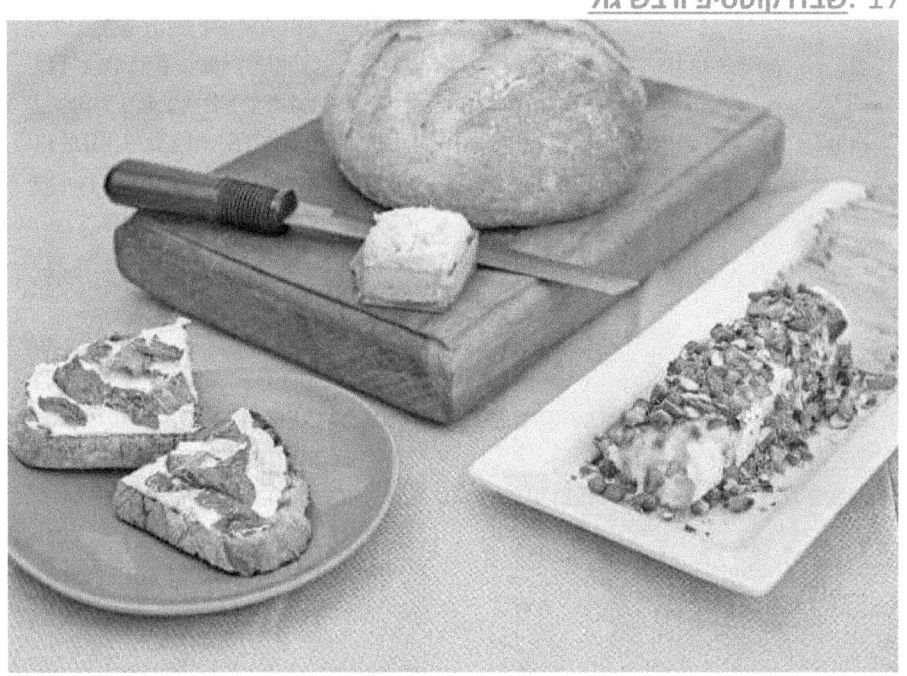

רכיבים:

- 1 לוג (10 אונקיות, או 280 גרם) של גבינת עיזים שבר
- 4/1 כוס (85 גרם) דבש
- 2 כפות (40 גרם) ריבת תאנים
- 8/1 עד 4/1 כוס (15 עד 31 גרם) פיסטוקים קלופים, קצוצים
- צלחת הגשה
- קערה קטנה המתאימה למיקרוגל
- כף

הוראות:

a) מניחים את יומן גבינת השבר על צלחת ההגשה.

b) מחממים את הדבש והריבה בקערה קטנה במיקרוגל עד שהשימורים נמסים וניתן לשלב בקלות את הדבש והריבה.

c) מטפטפים את תערובת הדבש-ריבת על בול עץ גבינת העיזים ומפזרים פיסטוקים קצוצים.

d) מגישים עם קרקרים או לחם פריך.

18. לחם תנור הולנדי כפרי

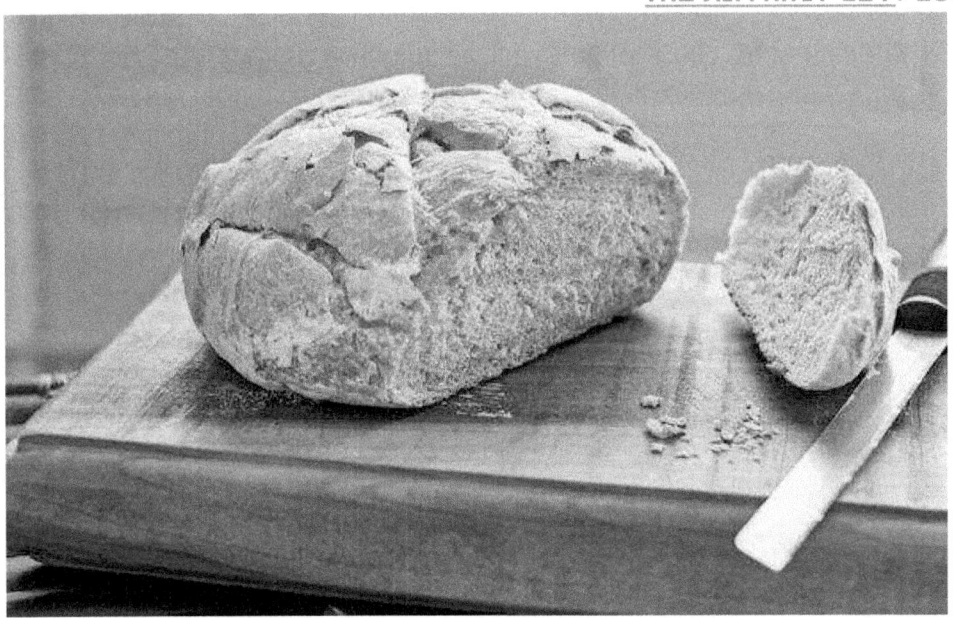

רכיבים:

טרום תסיסה:

- 1 כוס (235 מ"ל) מים קרירים עד פושרים (90°F עד 100°F [32°C עד 38°C])
- 2/1 כפית שמרים יבשים פעילים
- 4/11 כוסות (171 גרם) קמח לחם
- 4/1 כוס (31 גרם) קמח לכל מטרה או קמח מלא
- קערה גדולה
- כף עץ
- עטיפת פלסטיק

בצק:

- תסיסה מראש מלמעלה
- 1 כוס (235 מ"ל) מים (100°F עד 115°F [38°C עד 46°C])
- 4/3 כפית שמרים יבשים פעילים
- 2 כפות (40 גרם) דבש
- 2/31 עד 4 כוסות (480 עד 548 גרם) קמח לחם
- 2 כפיות מלח, או לפי הטעם
- עטיפת פלסטיק
- קמח תירס או קמח
- נייר פרגמנט
- תנור הולנדי
- סכין חדה

הוראות:

a) להכנת הקדם-תסיסה, מערבבים את כל מרכיבי הקדם-תסיסה יחד לתערובת סמיכה ורטובה. מכסים בניילון נצמד ומניחים לו לנוח שעתיים לפחות. לקבלת הטעם הטוב ביותר, הניחו לסטרטר לנוח יותר או לילה.

b) להכנת הבצק, מערבבים את הקדם-תסיסה עם כף ואז מוסיפים את המים, השמרים, הדבש, 2/31 כוסות (480 גרם) מהקמח והמלח. מערבבים או ללוש את הבצק, רק עד שכל החומרים נטמעים. הבצק צריך להיות בצק מעט מדובלל ומבולגן. מכסים במגבת או בניילון נצמד ונותנים לו לנוח 30 דקות כדי לאפשר לקמח לספוג את המים ולאחר מכן ללוש אותו שוב. עכשיו זה אמור להיות יותר מגובש וקצת יותר חלק. ללוש את הבצק, להוסיף עוד קמח במידת הצורך, לקבלת בצק רך.

c) מניחים את הבצק בקערה משומנת קלות, מכסים בניילון נצמד מעט ומניחים לו לתפוח עד כמעט הכפלה במקום קריר או במקרר.

d) מעבדים בזהירות את הבצק לכיכר אחת גדולה, משתדלים לא לרוקן לחלוטין את הבצק. אבק פיסת נייר פרגמנט בקמח תירס או קמח. מניחים בעדינות את הבצק על נייר הפרגמנט, תופרים את הצד כלפי מטה ומכסים בניילון נצמד משומן. מניחים להתפחה במקום חמים עד לעלייה של 50 אחוז או יותר.

e) הכניסו את התנור ההולנדי לתנור וחממו מראש את שניהם ל-425 מעלות צלזיוס (220 מעלות צלזיוס, או סימן גז 7). הסיר עשוי לקחת קצת יותר זמן להתחמם מאשר התנור עצמו.

f) כשהבצק מוכן, מוציאים את הסיר מהתנור. הרימו יחד את נייר הפרגמנט והבצק והניחו ישירות לתוך הסיר. חותכים או חוצים את הלחם בסכין חדה. מכסים את הסיר במכסה ומכניסים לתנור.

g) מנמיכים מיד את החום ל-375°F (190°C, או סימן גז 5) ואופים במשך 30 דקות. מסירים את המכסה ואופים עוד 20 עד 30 דקות או עד שהלחם אפוי. הטמפרטורה הפנימית צריכה להיות לפחות 190°F (88°C). מוציאים את הלחם מהתנור ההולנדי ומניחים על רשת לצינון. התנגדו לדחף לחתוך לתוך הלחם כשהוא עדיין חם. הכי טוב ליהנות מהכיכר טרי אך קריר. זה יישמר במשך כמה ימים בשקית ניילון.

19. שבד תאמח

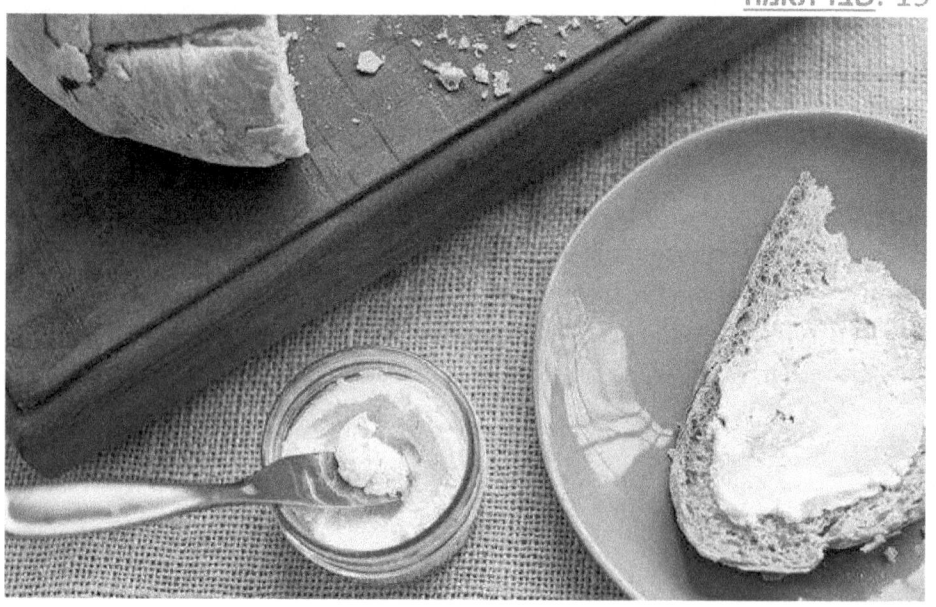

רכיבים:

- 1 פאונד (455 גרם) חמאה
- 4/1 כוס (85 גרם) דבש
- סַכִּין
- קערה בינונית
- מִיקסֶר
- נייר פרגמנט או ניילון נצמד

הוראות:

a) חותכים את החמאה לקוביות ומוסיפים לקערה. מערבבים את החמאה עם המיקסר במהירות נמוכה עד שהיא משתחררת וניתן לעבודה בקלות.

b) מוסיפים את הדבש ומערבבים במהירות בינונית עד לקבלת תערובת אחידה.

c) כפית על נייר פרגמנט או ניילון נצמד ליצירת בול עץ ולהכניס למקרר למספר שעות או עד הצורך.

d) הפוך את חמאת הדבש למיוחדת במיוחד על ידי הוספת 2/1 כפית קינמון טחון ו-2/1 כפית תמצית וניל יחד עם הדבש.

20. ויטרט הטוקיר שבד סוקיליזב

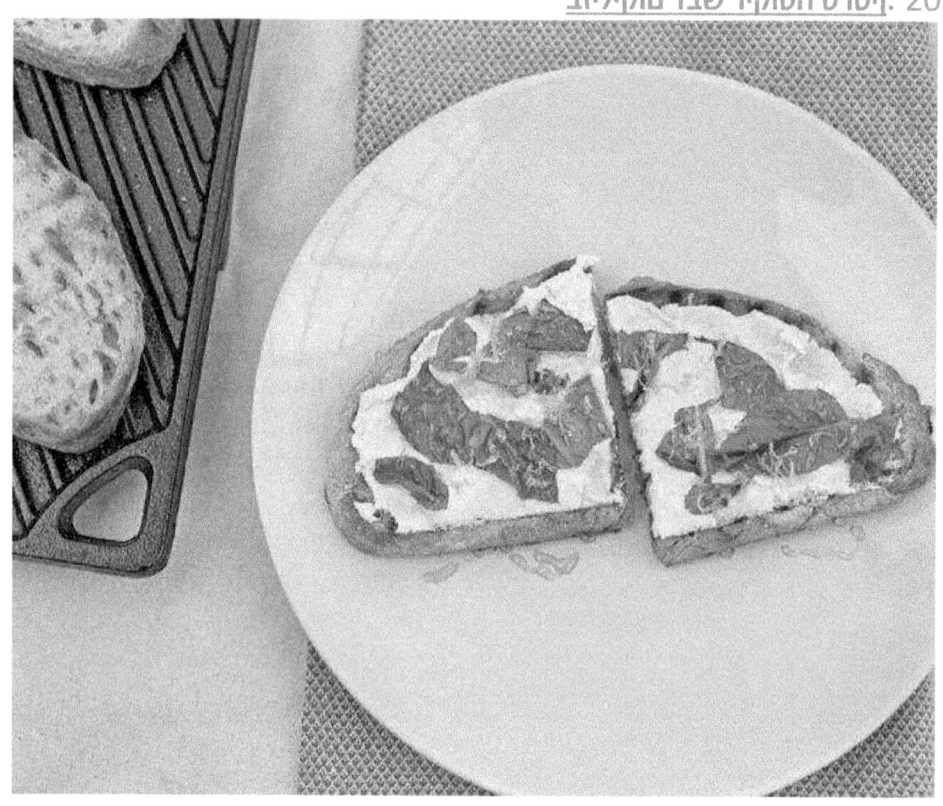

רכיבים:

● כיכר אחת של לחם מחמצת פריך, חתוך לפרוסות בגודל 4/3 עד 1 אינץ' (2 עד 2.5 ס"מ)
● 1 כוס (250 גרם) ריקוטה חלב מלא
● 2 לימונים, קלופים
● 1 כוס (24 גרם) בזיליקום מתוק, עלים גדולים יותר קצוצים גס
● 1 שן שום גדולה, קלופה
● 2/1 עד 1 כוס (170 עד 340 גרם) דבש עדין
● מיקרופליין או זסטר ללימון
● מחבת גריל או גריל לקלוי לחם

הוראות:

a)   קולים את פרוסות הלחם על גריל או על הכיריים במחבת גריל כ-2 דקות לכל צד. יש לקלות את משטחי הלחם לחום בהיר עד בינוני.

b)   משפשפים את שן השום על צד אחד של הלחם הקלוי.

c)   מורחים שכבת ריקוטה על הלחם, מוסיפים את הבזיליקום ומפדרים את פרוסות הלחם בגרידת לימון.

d)   ממש לפני ההגשה, מטפטפים את הדבש מעל. לצרוך מיד.

21.ברים של קראנצ'י חלת דבש

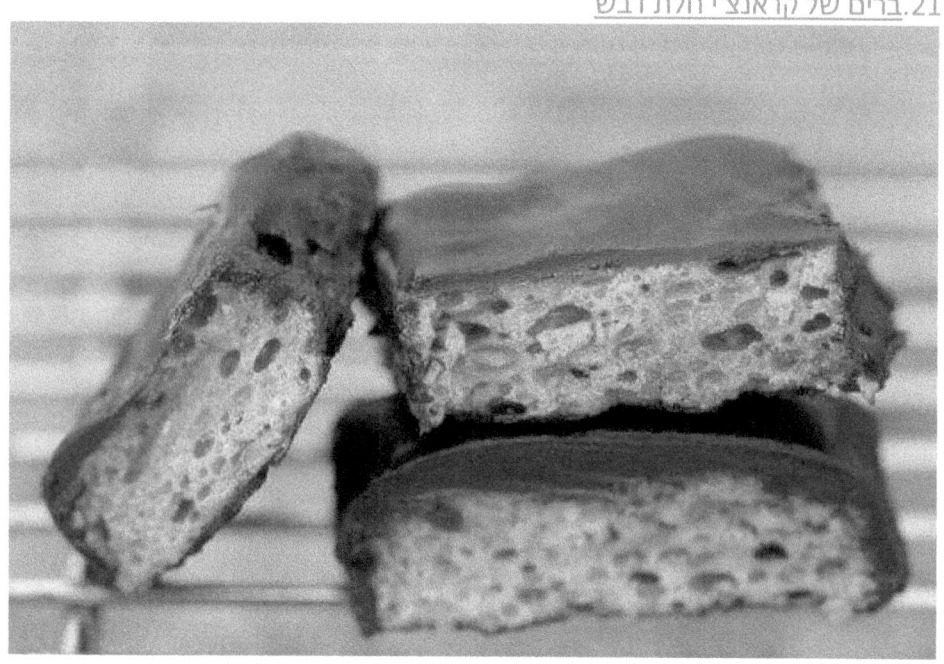

רכיבים:
- ● 4 כוסות דגני בוקר חלת דבש
- ● 2 כוסות שוקולד חלב
- ● ¼ כוס חמאה

הוראות:
a) מרפדים תבנית או מגש בנייר אפייה.

b) בקערת ערבוב גדולה, מרסקים בעדינות את דגני היער, ומשאירים כמה חתיכות גדולות יותר למרקם.

c) בקערה מתאימה למיקרוגל, ממיסים יחד את השוקולד צ'יפס והחמאה במרווחים קצרים, תוך ערבוב בין לבין, עד להמסה חלקה ונמסה מלאה.

d) יוצקים את תערובת השוקולד המומס על הדגנים הכתושים ומערבבים עד שכל הדגנים מצופים.

e) מעבירים את התערובת לתבנית האפייה המוכנה ולוחצים אותה בחוזקה עם גב כף או מרית.

f) מניחים את המנה במקרר למשך כשעה או עד שהשוקולד מתייצב.

g) לאחר שהברים יציבים, מוציאים אותם מהכלי וחותכים אותם לגדלים הרצויים.

h) הגישו ותיהנו מחטיפי הקראנצ'י של חלת הדבש.

51

22.חטיפי דגנים של חלת דבש

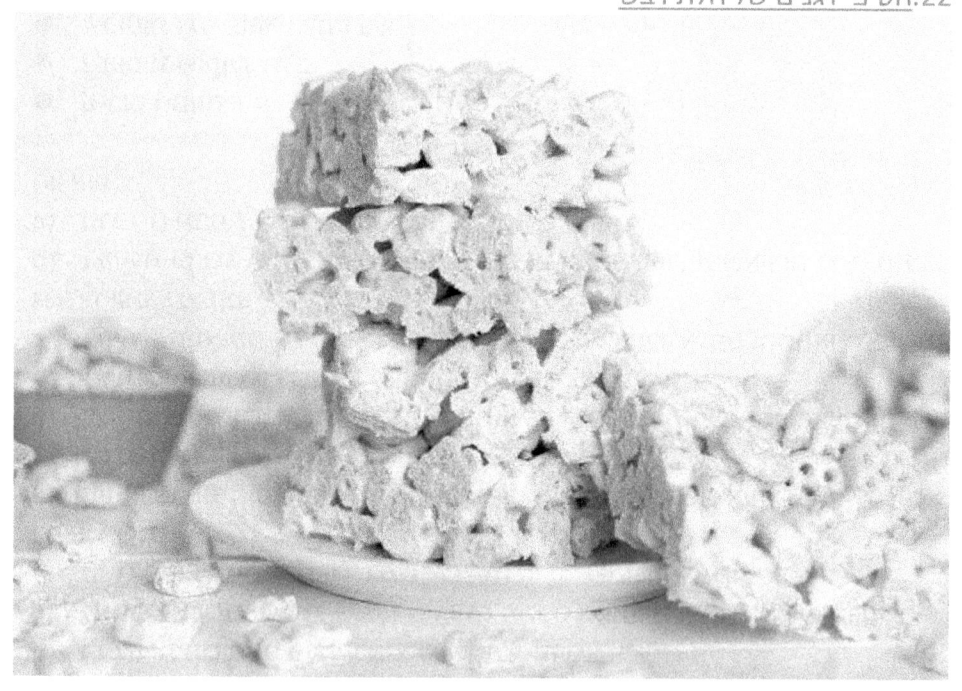

רכיבים:

- 3 כוסות דגני בוקר חלת דבש
- 2 כוסות מיני מרשמלו
- 3 כפות חמאה
- ¼ כוס דבש
- ¼ כוס סוכריות חלת דבש, מרוסקות

הוראות:

a) בקערה גדולה משלבים את דגני החלת וממתקי חלת הדבש המרוסקים. לְהַפְרִישׁ.

b) בסיר ממיסים את החמאה על אש נמוכה.

c) מוסיפים את המיני מרשמלו לחמאה המומסת ומערבבים עד להמסה מלאה וחלקה.

d) מסירים את הסיר מהאש ומערבבים פנימה את הדבש.

e) יוצקים את תערובת המרשמלו על תערובת דגני היער ומערבבים עד לציפוי טוב.

f) מהדקים היטב את התערובת לתוך תבנית אפייה משומנת.

g) מפזרים את החלק העליון עם סוכריות חלת דבש מרוסקות נוספות.

h) מניחים לסורגים להתקרר ולהתייצב לפני שחותכים אותם לריבועים.

i) תיהנו מחטיפי דגני הבוקר המענגים האלה לארוחת בוקר בדרכים.

23.חטיפי עוגיות חלת דבש

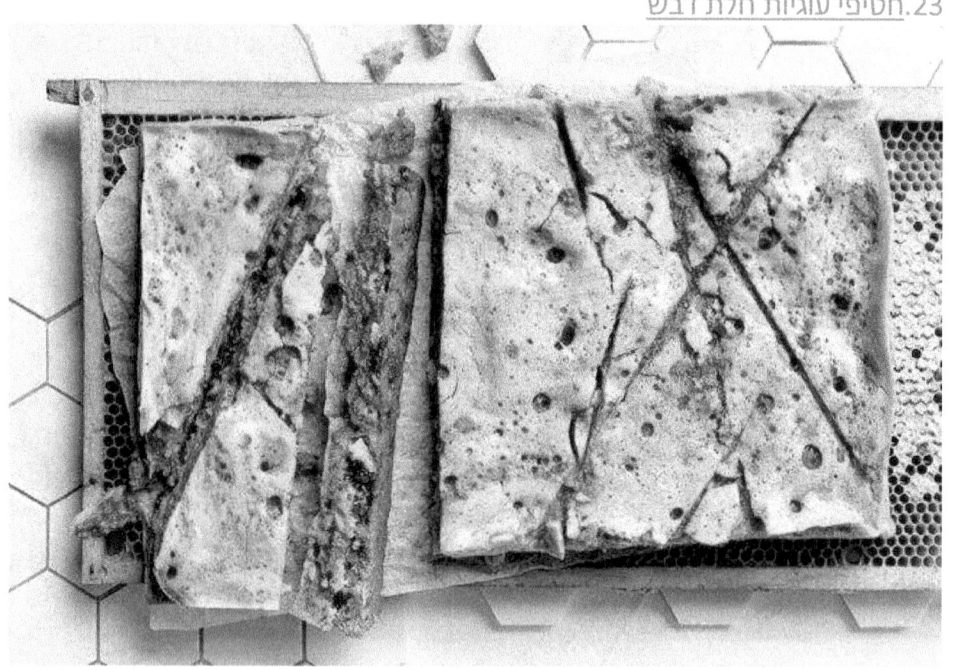

רכיבים:

- 1 ½ כוסות קמח לכל מטרה
- ½ כפית אבקת אפייה
- ¼ כפית מלח
- ½ כוס חמאה ללא מלח, מרוככת
- ¾ כוס סוכר מגורען
- ¼ כוס דבש
- 1 כפית תמצית וניל
- ביצה 1 גדולה
- 1 כוס ממתק חלת דבש כתוש

הוראות:

a) מחממים את התנור ל-350 מעלות צלזיוס (175 מעלות צלזיוס) ומשמנים תבנית אפייה בגודל 9x9 אינץ'.

b) בקערה בינונית, טורפים יחד את הקמח, אבקת האפייה והמלח. לְהַפְרִישׁ.

c) בקערה גדולה נפרדת, קרמו יחד את החמאה הרכה, הסוכר, הדבש ותמצית הווניל עד לקבלת תערובת בהירה ותפוחה.

d) טורפים פנימה את הביצה עד לקבלת תערובת אחידה.

e) מוסיפים בהדרגה את החומרים היבשים לחומרים הרטובים, ומערבבים רק עד שהם מתאחדים.

f) מקפלים פנימה את ממתק חלת הדבש הכתוש, שומרים כמות קטנה לציפוי.

g) מורחים את בצק העוגיות באופן שווה לתוך תבנית האפייה המוכנה ומפזרים מעל את סוכריית חלת הדבש הכתושה.

h) אופים 25-30 דקות או עד שהשוליים מזהיבים.

i) מוציאים מהתנור ומצננים לחלוטין לפני שחותכים לחתיכות.

24.קליפת סוכריות חלת דבש

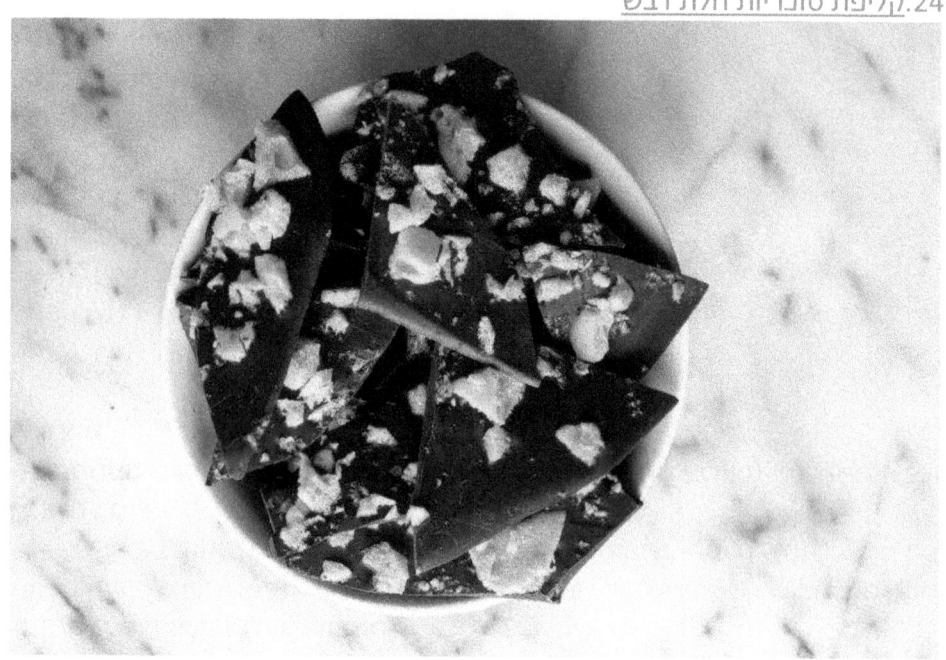

רכיבים:
- 12 אונקיות שוקולד מריר, מומס
- 1 כוס ממתק חלת דבש כתוש
- ¼ כוס אגוזים קצוצים (לא חובה)

הוראות:
a) מרפדים תבנית בנייר אפייה.
b) מורחים את השוקולד המריר המומס באופן שווה על נייר הפרגמנט.
c) מפזרים מעל השוקולד את ממתק חלת הדבש הכתוש והאגוזים הקצוצים (אם משתמשים).
d) מניחים את נייר האפייה במקרר למשך כ-30 דקות או עד שהשוקולד מתייצב.
e) לאחר התייצבות, שוברים את הקליפה לחתיכות ומגישים.

25.נשיכות כדור אנרגיה של חלת דבש

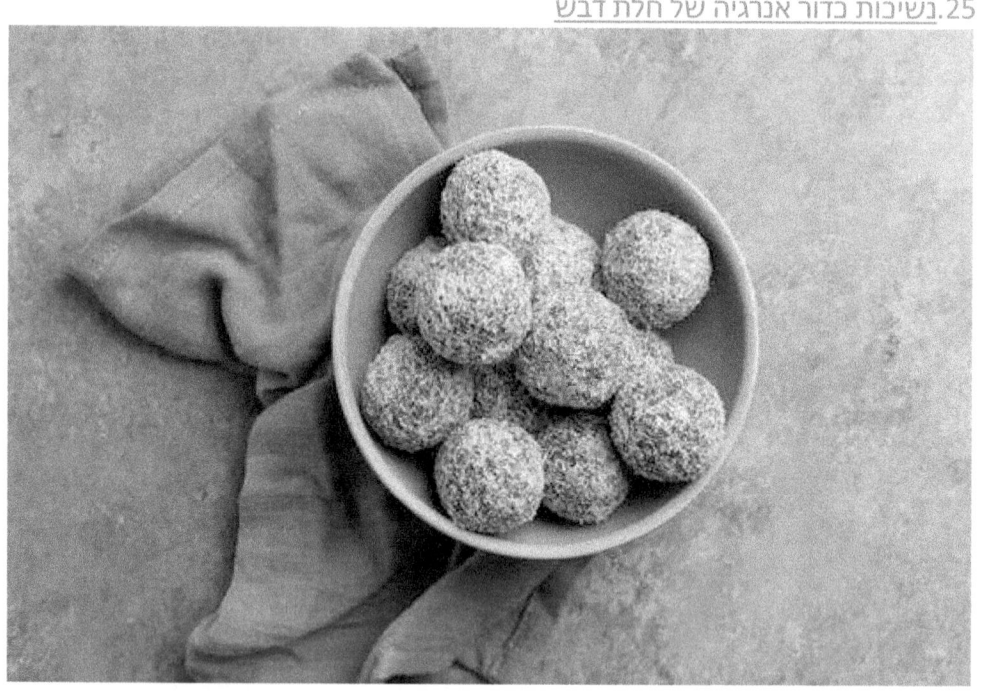

רכיבים:

- 1 כוס תמרים מגולענים
- ½ כוס חמאת שקדים
- ¼ כוס דבש
- ½ כפית תמצית וניל
- ¼ כפית מלח
- 1 כוס שיבולת שועל מגולגלת
- ¼ כוס ממתק חלת דבש בתוש
- ¼ כוס קוקוס מגורר (לא חובה, לגלגול)

הוראות:

a) במעבד מזון מערבבים את התמרים, חמאת השקדים, הדבש, תמצית הווניל והמלח. מעבדים עד לקבלת מרקם חלק.

b) מוסיפים למעבד המזון את שיבולת השועל המגולגלת וממתקי חלת הדבש המרוסקים. דופקים כמה פעמים כדי לשלב את החומרים.

c) שולפים חלקים בגודל כף מהתערובת ומגלגלים אותם לכדורים בעזרת הידיים.

d) אם רוצים, מגלגלים את ביס כדור האנרגיה בקוקוס מגורר לקבלת שכבה נוספת של טעם ומרקם.

e) מניחים את כדורי האנרגיה על תבנית מרופדת בנייר אפייה ומכניסים למקרר ל-30 דקות לפחות להתמצקות.

f) אחסן את עקיצות כדור האנרגיה של חלת הדבש בבלי אטום במקרר.

26.פופקורן ממתק חלת דבש

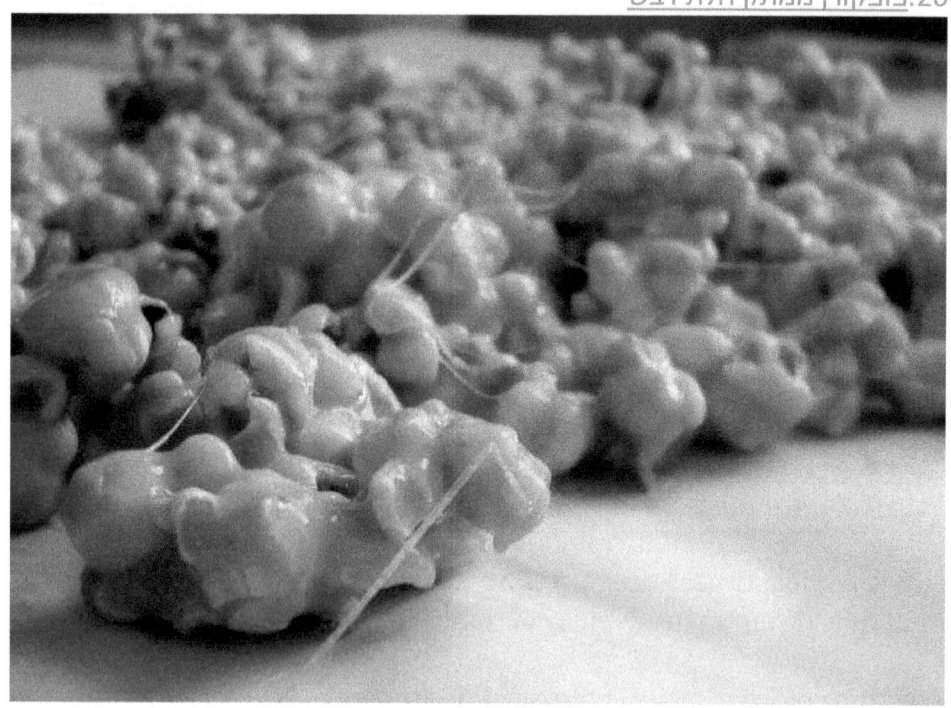

רכיבים:

- 8 כוסות פופקורן מוקפץ
- ½ כוס דבש
- ¼ כוס חמאה
- ½ כפית תמצית וניל
- ½ כוס ממתק חלת דבש כתוש

הוראות:
a) בסיר קטן ממיסים את הדבש והחמאה יחד על אש בינונית.
b) מערבבים פנימה את תמצית הווניל.
c) מניחים את הפופקורן המוקפץ בקערה גדולה ויוצקים עליו את תערובת הדבש.
d) לזרוק את הפופקורן בעדינות כדי לצפות אותו בצורה אחידה.
e) מפזרים את ממתק חלת הדבש הכתוש על הפופקורן וזורקים אותו שוב.
f) מניחים לפופקורן להתקרר ולתערובת הדבש להתקשות לפני ההגשה.

27.תערובת חטיף חלת דבש

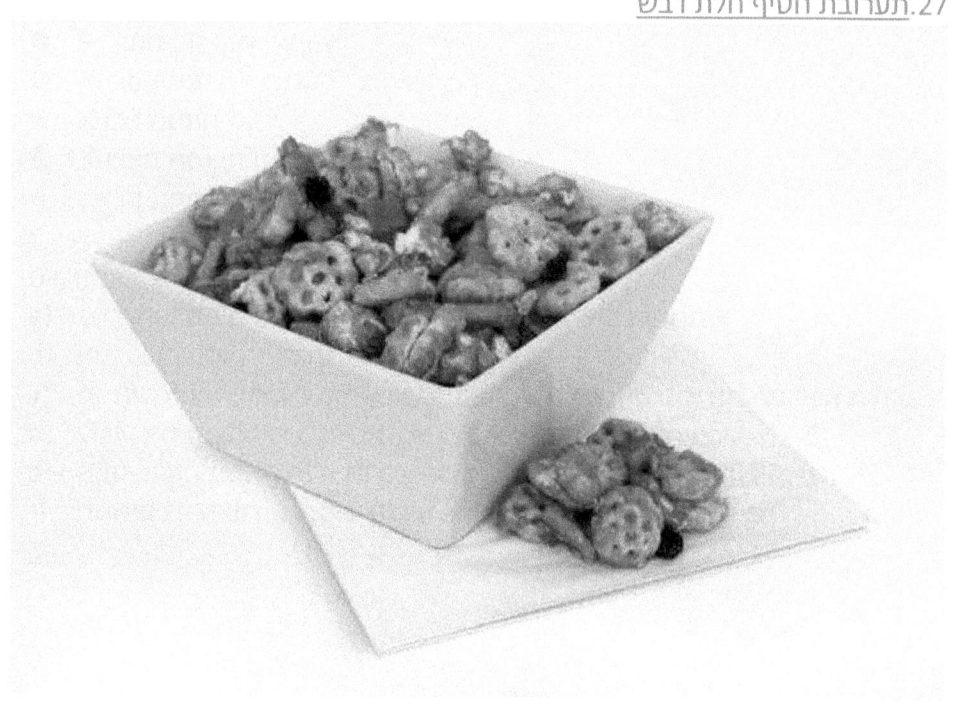

רכיבים:

- 2 כוסות דגני בוקר חלת דבש
- 1 כוס בייגלה
- ½ כוס סוכריות חלת דבש, מרוסקות
- ¼ כוס בוטנים או שקדים קלויים
- ¼ כוס חמוציות מיובשות או צימוקים
- ¼ כוס שוקולד צ'יפס לבן (לא חובה)

הוראות:

a) בקערה גדולה משלבים את דגני היער, הבייגלה, ממתק חלת דבש כתוש, בוטנים או שקדים קלויים, חמוציות מיובשות או צימוקים, ושבבי שוקולד לבן (אם משתמשים).

b) מערבבים את החומרים יחד עד לקבלת תערובת אחידה.

c) מעבירים את תערובת החטיפים לכלי אטום או לשקיות חטיפים אישיות.

d) תיהנו מתערובת חטיף דגני בוקר מתוקה ומלוחה תוך כדי תנועה או כחטיף מהיר.

28.מטבל סוכריות חלת דבש

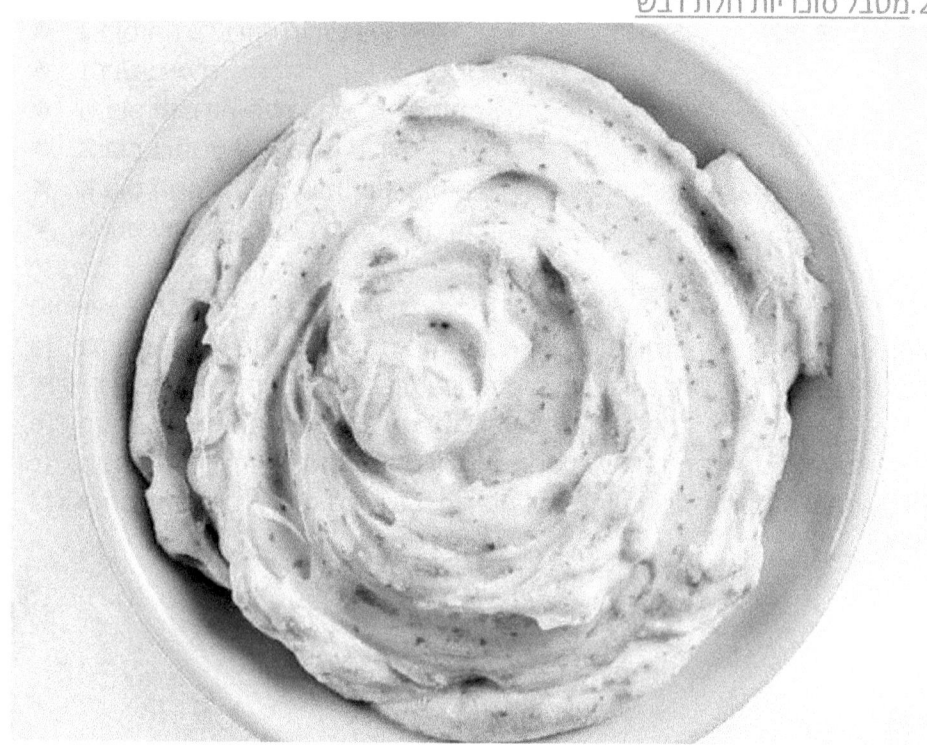

רכיבים:

- 8 אונקיות גבינת שמנת, מרוככת
- ½ כוס אבקת סוכר
- ¼ כוס דבש
- ¼ כוס סוכריות חלת דבש, מרוסקות
- פרוסות תפוחים, בייגלה או קרקרים גרהם לטבילה

הוראות:

a) טורפים בקערת מיקסר את גבינת השמנת עד לקבלת תערובת חלקה.

b) מוסיפים בהדרגה את אבקת הסוכר והדבש, מערבבים עד לקבלת תערובת אחידה.

c) מקפלים פנימה את ממתק חלת הדבש הכתוש.

d) מעבירים את המטבל לקערת הגשה.

e) הגישו את מטבל סוכריות חלת הדבש עם פרוסות תפוחים, בייגלה או קרקרים גרהם לחטיף מענג.

29.פרפה יוגורט חלת דבש

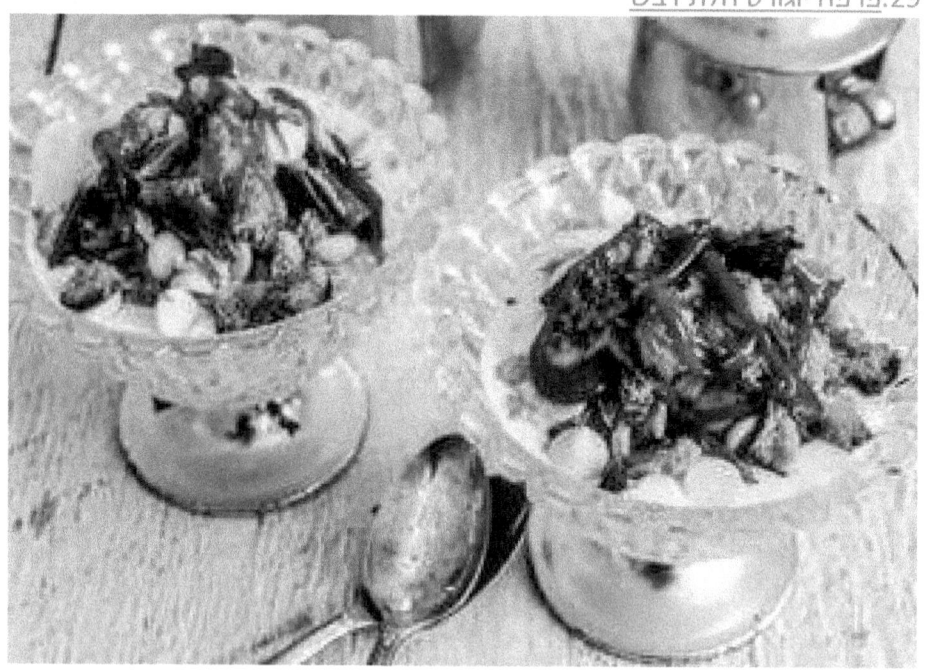

רכיבים:
- 1 כוס יוגורט יווני
- 2 כפות דבש
- ¼ כוס ממתק חלת דבש כתוש
- ¼ כוס גרנולה
- פירות יער טריים לציפוי (לא חובה)

הוראות:
a) מערבבים בקערה את היוגורט היווני והדבש עד לקבלת תערובת אחידה.
b) שכבו את יוגורט הדבש, ממתק חלת הדבש הכתוש והגרנולה בכוס או בצנצנת.
c) חוזרים על השכבות עד לשימוש בכל החומרים.
d) משטחים עם פירות יער טריים אם רוצים.
e) מגישים את פרפה יוגורט חלת הדבש מיד או מקררים עד להנאה.

30.סוכריות חלת דבש גרנולה

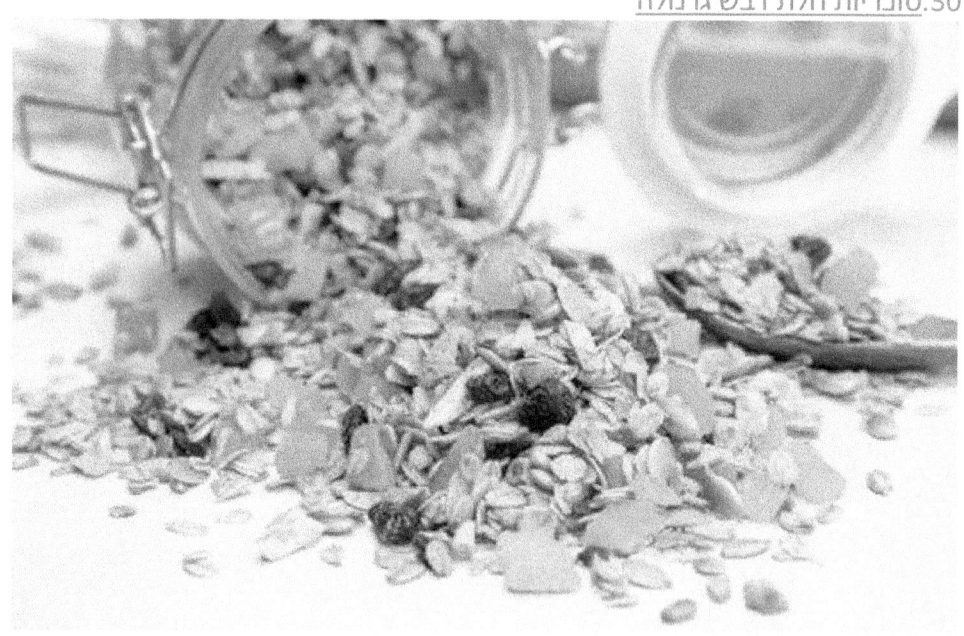

רכיבים:

- 3 כוסות שיבולת שועל מיושנת
- 1 כוס אגוזים קצוצים (למשל, שקדים, אגוזי מלך, אגוזי פקאן)
- ¼ כוס דבש
- 2 כפות שמן קוקוס, מומס
- 1 כפית תמצית וניל
- ¼ כפית מלח
- ½ כוס פירות יבשים (למשל, צימוקים, חמוציות, משמשים קצוצים)
- ¼ כוס ממתק חלת דבש כתוש

הוראות:

a) מחממים את התנור ל-325 מעלות צלזיוס (165 מעלות צלזיוס) ומרפדים תבנית בנייר אפייה.

b) בקערה גדולה מערבבים את שיבולת השועל, האגוזים הקצוצים, הדבש, שמן הקוקוס המומס, תמצית הווניל והמלח. מערבבים עד שכל המרכיבים מצופים היטב.

c) מפזרים את התערובת באופן שווה על תבנית האפייה המוכנה.

d) אופים בתנור שחומם מראש במשך 20-25 דקות, תוך ערבוב פעם או פעמיים, עד שהגרנולה מזהיבה וקלויה.

e) מוציאים את תבנית האפייה מהתנור ונותנים לגרנולה להתקרר לחלוטין.

f) לאחר התקררות, מערבבים פנימה את הפירות היבשים וממתקי חלת הדבש המרוסקים.

g) אחסן את גרנולת חלת הדבש בכלי אטום בטמפרטורת החדר עד שבועיים.

פיחוניק

רכיבים:

חמאה:

- 2 כוסות (475 מ"ל) חלב מלא
- 2/11 אונקיות (42 גרם) חמאה ללא מלח
- 1 גרגיר וניל, מפוצל עם גרעינים מגורדים
- 4/3 כוס (150 גרם) סוכר
- 4/3 כוס (94 גרם) קמח
- 4/1 כפית מלח
- 2 ביצים גדולות
- 2 חלמונים גדולים
- 4/1 כוס (60 מ"ל) רום כהה

שומן עובש:

- 1 כף (14 גרם) שעוות דבורים
- 1 כף (14 גרם) חמאה ללא מלח
- סיר קטן
- קערה בינונית
- קערה קטנה
- כף עץ
- מיכל עם מכסה אטום
- תבניות Cannelé (נחושת, אלומיניום או סילקון)
- מיכל קטן ועמיד בפני חום
- מברשת נקייה לשומן עובש
- תבנית אפייה

הוראות:

a) מחממים את החלב, החמאה ופולי הווניל והזרעים בסיר על אש בינונית עד שהחמאה נמסה והיא ברתיחה נמוכה. מסירים מהאש ומניחים להתקרר מעט. מסירים את פולי הווניל.

b) בקערה בינונית מערבבים יחד את הסוכר, הקמח והמלח. לְהַפְרִישׁ.

c) בקערה קטנה מערבבים יחד את הביצים והחלמונים, תוך הקפדה לא לשלב יותר מדי אוויר. מזגו את הביצים על ידי הוספת כמויות קטנות של חלב חם לביצים וערבוב לפני הוספת חלב נוסף. הרעיון הוא להעלות את הטמפרטורה של הביצים מבלי לבשל אותן. לאחר ערבוב של כמחצית מהחלב לתוך הביצים, מוסיפים את תערובת החלב והביצים שנותרה לתערובת הסוכר והקמח. מערבבים מספיק כדי לשלב. מוסיפים את הרום ויוצקים את התערובת לכלי אטום ומקררים.

d) השאירו את התערובת לנוח במקרר למשך יומיים מלאים לפחות, תוך ערבוב מדי פעם. מניחים לטמפרטורת החדר למשך שעה לפני האפייה.

e) המתכון הזה הוא המתכון המושלם להתחלה. אני מוסיפה גרידת תפוז לחלב כשאני מכינה את שלי, אבל אפשר להוסיף כל מיני טעמים כדי להתאים את המתכון. נסה כמה פרחי לבנדר, כוכב אניס, או אפילו קפה.

f) כשמוכן לאפייה, מחממים את התנור ל-475 מעלות צלזיוס (240 מעלות צלזיוס, או סימן גז 9) ומכינים את התבניות.

g) ראשית, ממיסים את שעוות הדבורים והחמאה במיכל קטן חסין חום. לציפוי התבניות מחממים מעט את התבניות. מברישים את תערובת השעווה/חמאה בשכבה דקה בתוך התבניות ומכניסים למקפיא לצינון.

h) מניחים את התבניות על תבנית עם נייר אפייה, ומאפשרים הרבה מרחב אוויר סביב כל תבנית. מערבבים עדין לבלילה ויוצקים לתבניות ההמתנה. ממלאים את התבניות כ-4/3 מלאות.

i) לאחר שהתנור חם, העבירו בזהירות את תבנית האפייה לתנור והנמיכו מיד את הטמפרטורה ל-425 מעלות צלזיוס (220 מעלות צלזיוס, או סימן גז 7).

j) אופים במשך 15 דקות. מנמיכים את טמפרטורת האפייה ל-375 מעלות צלזיוס (190 מעלות, או סימן גז 5) למשך שעה נוספת.

k) אופים עד שהחלק החיצוני חום בינוני עד כהה (אך לא שרוף). הוציאו את תבנית האפייה מהתנור ותנו ל-Cannelé לנוח 10 דקות לפני שפורקים אותם על רשת צינון.

32. שבד םירדה הת תוגוע

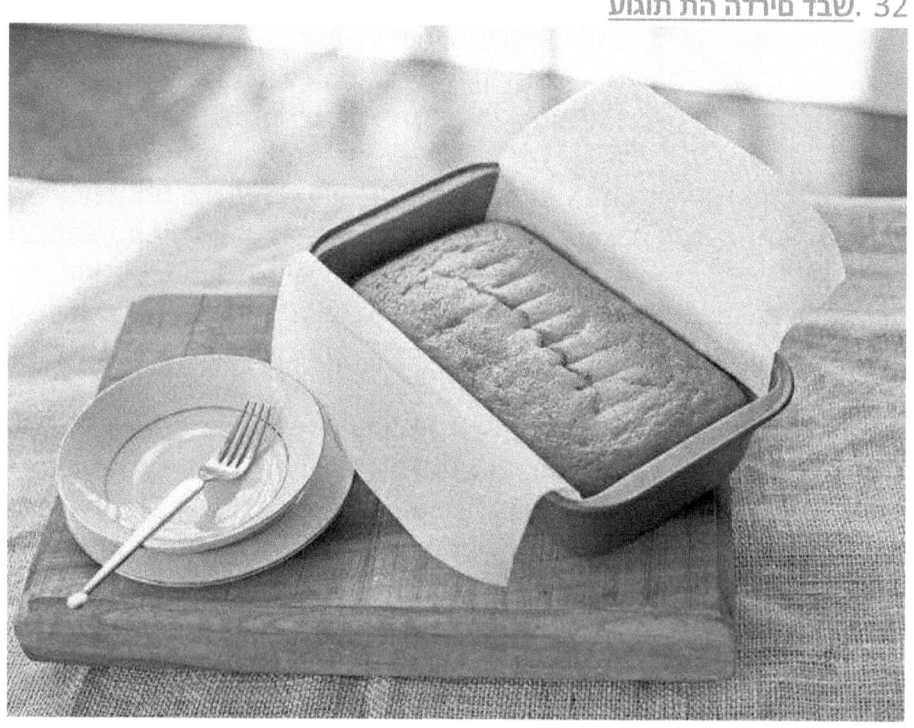

רכיבים:

- 2 כוסות (260 גרם) + 2 כפות (16 גרם) קמח לכל מטרה
- 4/21 כפיות אבקת אפייה
- 2/1 כפית מלח
- גרידה טרייה ומיץ מ-2 תפוזי דם
- גרידת טרייה ומיץ של 2/1 לימון
- 4 ביצים גדולות בטמפרטורת החדר
- 2/1 כוס (170 גרם) דבש
- 4/3 כוס (175 מ"ל) שמן זית כתית עדין
- 2/1 כוס (120 מ"ל) חלב
- פּוּמפִּיָה
- מסחטת הדרים
- תבנית כיכרות בגודל 8 אינץ' (23 ס"מ).
- נייר פרגמנט
- קערה קטנה
- קערה בינונית
- לְהַקְצִיף
- כף עץ

הוראות:

a) מחממים את התנור ל-350 מעלות צלזיוס (180 מעלות צלזיוס, או סימן גז 4). מרפדים תבנית עם פיסת נייר אפייה ארוכה מספיק כדי להיתלות על הצדדים (זו משמשת ידית להרים בקלות את הכיכר האפויה מהתבנית).

b) בקערה קטנה, טורפים יחד את הקמח, אבקת האפייה, המלח, גרידת תפוז הדם וגרידת הלימון.

c) בקערה בינונית, טורפים יחד את הביצים, הדבש, שמן הזית ומיצי תפוזי הדם והלימון. מקציפים במרץ עד לקבלת תערובת חלקה ואין גושים. מאחדים את החלב ותערובת הקמח ומערבבים רק עד לקבלת תערובת אחידה ואין גושי קמח נראים לעין.

d) מגרדים את הבלילה לתבנית המוכנה. אופים במשך 50 דקות או עד לקבלת צבע זהוב עמוק והעוגה קופצת בחזרה כאשר מקישים בעדינות עם האצבע.

e) הניחו לעוגה להתקרר לחלוטין לפני שפורסים אותה. עוטפים את כל שאריות העוגה היטב בנייר אפייה ונהנים תוך יומיים.

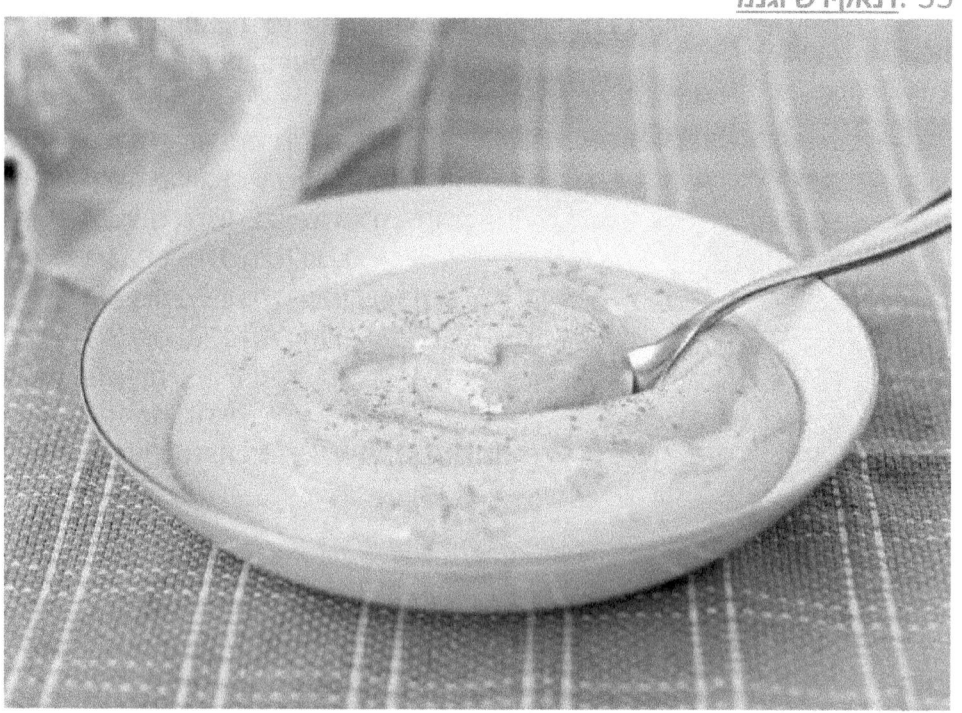

רכיבים:

- 4/3 כוס (180 גרם) יוגורט מסונן (כ-2 כוסות [460 גרם] לא מסונן)
- 1 עד 2 כפות (15 עד 28 מ"ל) חלב
- זעפרן, כמה חוטים, מעוכים
- 4/1 כוס (85 גרם) דבש (אם המנגו מתוק במיוחד, התחל עם פחות)
- 4/1 כפית אבקת הל ירוק
- 4/1 עד 2/1 כוס (62 עד 125 גרם) מחית מנגו
- 6 עד 8 פיסטוקים (או אגוזים אחרים כגון שקדים או קשיו) קצוצים דק, לא חובה
- קערה בינונית
- קערה קטנה (בטוחה למיקרוגל)
- כף עץ

הוראות:

a) יוצקים את היוגורט המסונן לקערה בינונית ומניחים בצד.

b) יוצקים את החלב לקערה קטנה ומתאימה למיקרוגל ומחממים לטמפרטורה של כ-120 מעלות צלזיוס (49 מעלות צלזיוס). מוסיפים את הזעפרן ומערבבים. בעודם חמים, מוסיפים את הדבש ומערבבים לאיחוד. החום של החלב אמור לעזור לרכך את הדבש, ולאפשר לו להתערבב עם היוגורט הקריר.

c) מוסיפים את תערובת החלב והדבש, אבקת ההל ומחית המנגו ליוגורט המסונן. מערבבים בעדינות עד שהוא מתערבב לחלוטין.

d) שפכו את התערובת לכלי קינוח וצננו. אם רוצים, מעלים את האגוזים הקצוצים ממש לפני ההגשה. הכי טוב ליהנות תוך יום או יומיים.

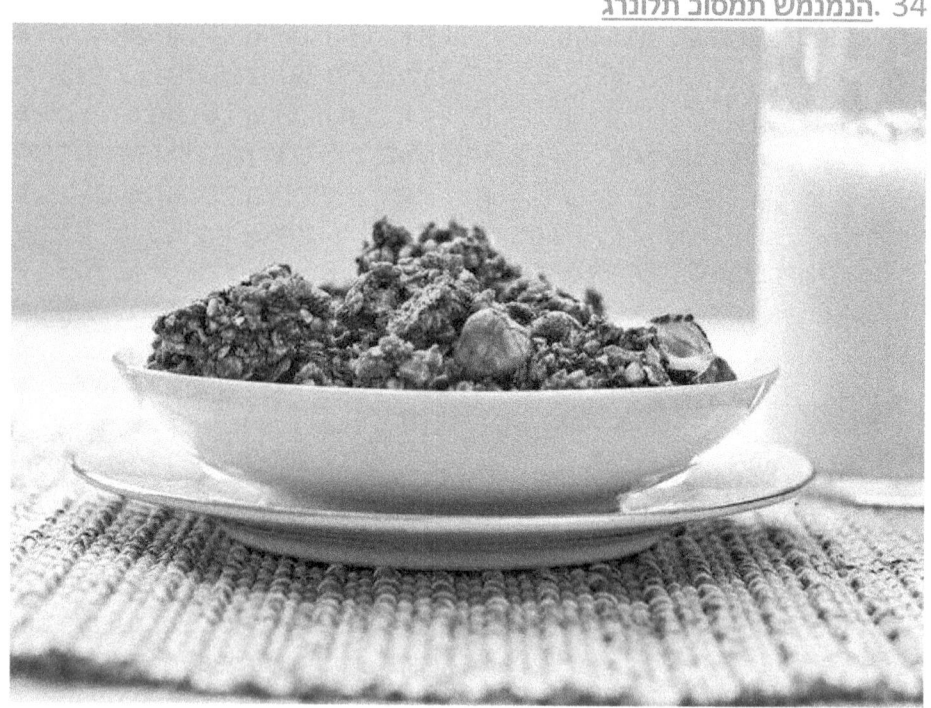

רכיבים:

- 3 כוסות (240 גרם) שיבולת שועל מגולגלת (ללא גלוטן במידת הצורך)
- 1 כוס (240 גרם) כוסמת
- 2/11 כוסות (90 גרם) פתיתי קוקוס
- 4/1 כוס (52 גרם) זרעי צ'יה
- 4/1 כוס (36 גרם) סוכר קוקוס
- 1 כוס (135 גרם) אגוזי לוז (אגוזי מלך הם גם טעימים.)
- 3/1 כוס (75 גרם) שמן קוקוס
- 3/1 כוס (115 גרם) דבש
- 1 כפית תמצית וניל
- 2/1 כפית מלח ים דק
- 2/1 כוס (40 גרם) אבקת קקאו (אורגני, סחר הוגן אם אפשר)
- 2 עד 3 חלבוני ביצה (לא חובה)
- קערה גדולה
- סַכִּין
- קרש חיתוך
- סיר קטן
- כף עץ
- קערה קטנה
- לְהַקְצִיף
- מָרִית
- תבנית אפייה
- נייר פרגמנט

הוראות:

a) מחממים את התנור ל-350 מעלות צלזיוס (180 מעלות צלזיוס, או סימן גז 4).

b) בקערה גדולה מערבבים את שיבולת השועל, הכוסמת, פתיתי הקוקוס, זרעי הצ'יה וסוכר הקוקוס. קוצצים גס את האגוזים ומוסיפים אותם לתערובת.

c) בסיר קטן על אש נמוכה-בינונית ממיסים את שמן הקוקוס. מוסיפים את הדבש, הווניל, המלח ואבקת הקקאו. מקציפים לאיחוד עד לקבלת תערובת חלקה.

d) מקציפים את החלבונים בקערה קטנה עד לקבלת תערובת תפוחה.

e) יוצקים את תערובת הדבש/שמן על החומרים היבשים ומקפלים בעזרת כף לציפוי מלא ואחיד. מוסיפים את החלבונים המוקצפים ומערבבים היטב.

f) מורחים את התערובת בשכבה אחידה על תבנית מרופדת בנייר אפייה ולוחצים היטב בעזרת גב מרית כדי להבטיח שהתערובת תהיה דחוסה. אופים במשך 15 עד 20 דקות.

g) מוציאים מהתנור, הופכים את הגרנולה לחתיכות גדולות ומכניסים בחזרה לתנור לאפייה של עוד 10 דקות, תוך ערבוב כל 3 עד 4 דקות עד לקלוי וריח.

h) דרך טובה נוספת לבחון אותו היא על ידי טעימת אגוז לוז, שלוקח הכי הרבה זמן לבשל אותו - יש לו טעם אגוזי וצלוי נעים. אחסן גרנולה בבלי אטום עד מספר חודשים.

35. גלידת דבש

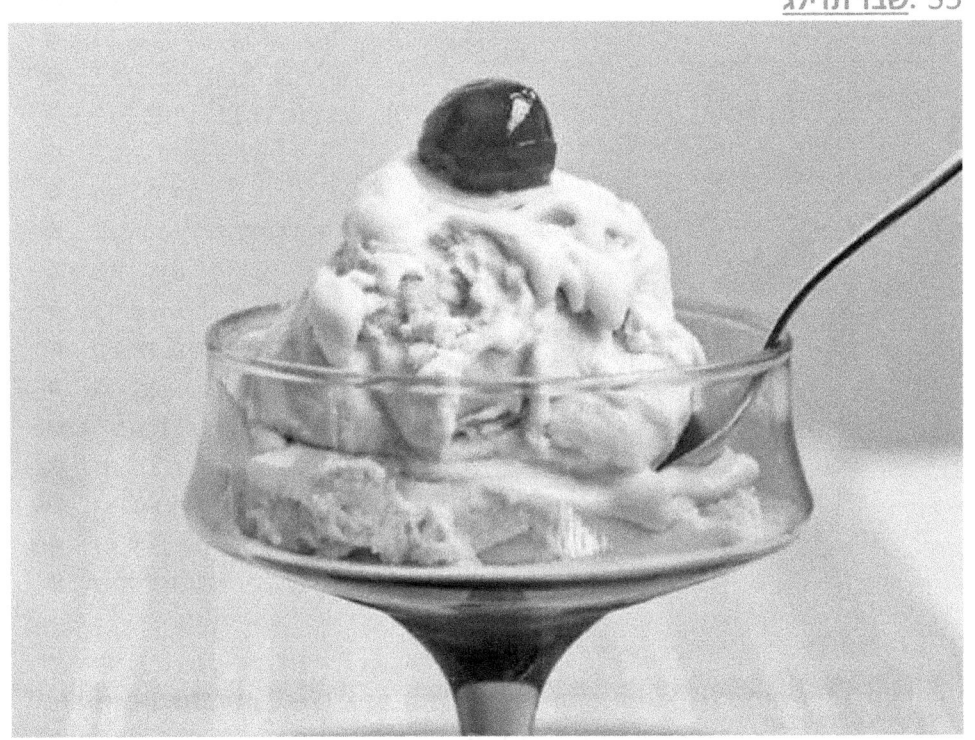

רכיבים:

- 2/11 כוסות (355 מ"ל) שמנת כבדה
- 2/11 כוסות (355 מ"ל) חלב מלא
- 3/1 כוס (115 גרם) דבש כוסמת או מעט יותר מדבש בטעם עדין
- 5 חלמונים גדולים
- קורט מלח
- 2/1 כפית תמצית וניל
- סיר בינוני
- כף עץ
- קערה בינונית
- לְהַקְצִיף
- מסננת דקיקה
- קערה נקייה
- ניילון נצמד
- מכין גלידה
- מיכל אטום היטב לגלידה מוגמרת

הוראות:

a) הניחו את המיכל שבו אתם מתכננים לאחסן את הגלידה המוגמרת למקפיא כדי לצנן. בסיר בינוני מערבבים את השמנת, החלב והדבש. מחממים על אש בינונית עד שכמעט לא מתבשל, תוך ערבוב תכוף. מסירים מהאש ומכסים. לְהַפְרִישׁ.

b) בקערה בינונית טורפים את החלמונים. מזגו את החלמונים על ידי מזיגה איטית של חלק מהשמנת החמה לתוך החלמונים תוך כדי הקצפה כדי להעלות את הטמפרטורה ולשמור על בישול החלמונים. לאחר מכן, יוצקים הכל בחזרה לסיר.

c) מחממים את התערובת על אש בינונית תוך כדי ערבוב מתמיד ומגרדים את התחתית תוך כדי ערבוב. בזמן שהקרם מתחמם, מערבבים פנימה את המלח ותמצית הוניל. מבשלים בעדינות עד שהתערובת מסמיכה מספיק כדי לצפות את החלק האחורי של כף עץ, כ-4 דקות.

d) יוצקים את הרפרפת דרך מסננת דקה לקערה נקייה. מניחים את הקערה באמבט קרח ומערבבים את הרפרפת מדי פעם עד שהוא מתקרר, כ-20 דקות. מכסים ומעבירים למקרר ל-3 שעות לפחות או ללילה.

e) יוצקים את הרפרפת המצונן לתוך מכונת הגלידה ופעלו לפי הוראות היצרן.

f) לאחר שהגלידה הגיעה לסמיכות הרצויה, מגרדים אותה לתוך המיכל המצונן מראש, מכסים ומכניסים למקפיא.

36. גלידת שעוות דבורים

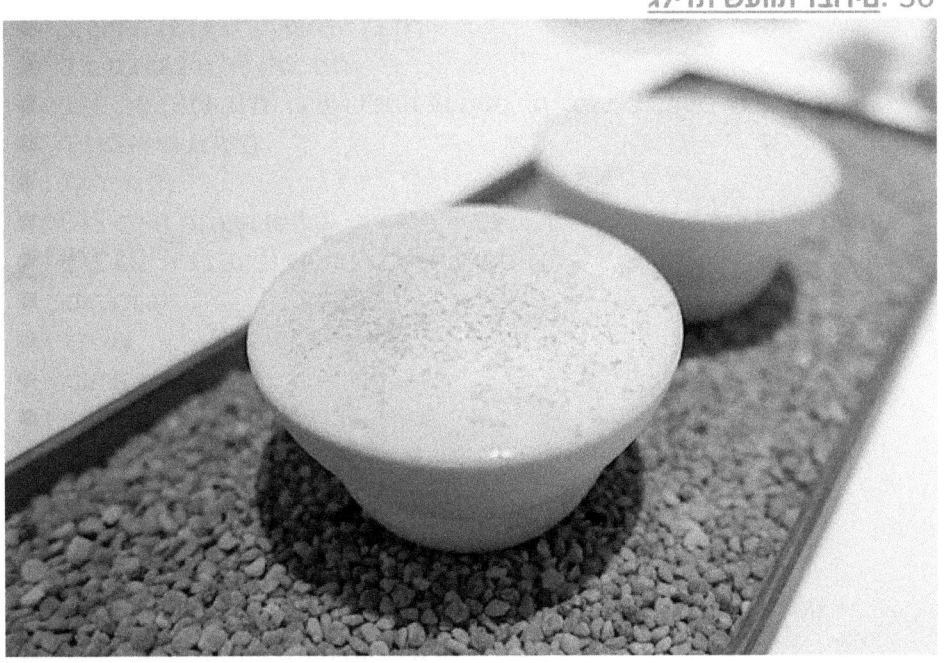

רכיבים:

- 2 כוסות (475 מ"ל) שמנת כבדה
- 1 כוס (235 מ"ל) חלב מלא
- 3/1 כוס (115 גרם) דבש כוסמת או מעט יותר מדבש בטעם עדין
- 7 חלמונים גדולים
- קורט מלח
- 2/1 כפית תמצית וניל
- 2/1 כוס (115 גרם) שעוות דבורים, מומסת
- סיר בינוני
- כף עץ
- קערה בינונית
- לְהַקְצִיף
- מַמחֶה
- מסננת דקיקה
- קערה נקייה
- ניילון נצמד
- מכין גלידה
- מיכל אטום היטב לגלידה מוגמרת

הוראות:

a) הניחו את המיכל שבו אתם מתכננים לאחסן את הגלידה המוגמרת למקפיא כדי לצנן. בסיר בינוני מערבבים את השמנת, החלב והדבש. מחממים על אש בינונית עד שכמעט לא מתבשל, תוך ערבוב תכוף. מסירים מהאש ומכסים. לְהַפְרִישׁ.

b) בקערה בינונית טורפים את החלמונים. מזגו את החלמונים על ידי מזיגה איטית של חלק מהשמנת החמה לתוך החלמונים תוך כדי הקצפה כדי להעלות את הטמפרטורה ולמנוע את בישול החלמונים. לאחר מכן, יוצקים הכל בחזרה לסיר.

c) מחממים את התערובת על אש בינונית תוך כדי ערבוב מתמיד ומגרדים את התחתית תוך כדי ערבוב. בזמן שהקרם מתחמם, מערבבים פנימה את המלח ותמצית הווניל. מבשלים בעדינות עד שהתערובת מסמיכה מספיק כדי לצפות את החלק האחורי של כף עץ, כ-4 דקות.

d) מסירים מהאש וטורפים באיטיות את שעוות הדבורים המומסות לתוך הרפרפת החמה. יוצקים את כל התכולה לבלנדר ומערבבים בעוצמה גבוהה למשך 30 שניות. מסננים את התערובת לתוך קערה נקייה דרך מסננת דקה כדי ללכוד את מוצקי השעווה שלא שולבו. מניחים את הקערה באמבט קרח ומערבבים את הרפרפת מדי פעם עד שהוא מתקרר, כ-20 דקות. מכסים ומעבירים למקרר ל-3 שעות לפחות או ללילה.

e) יוצקים את הרפרפת המצונן לתוך מכונת הגלידה ופעלו לפי הוראות היצרן.

f) לאחר שהגלידה הגיעה לסמיכות הרצויה, מגרדים את הגלידה המוגמרת לתוך המיכל הצונן מראש, מכסים ומכניסים למקפיא.

37.גלידת חלת דבש

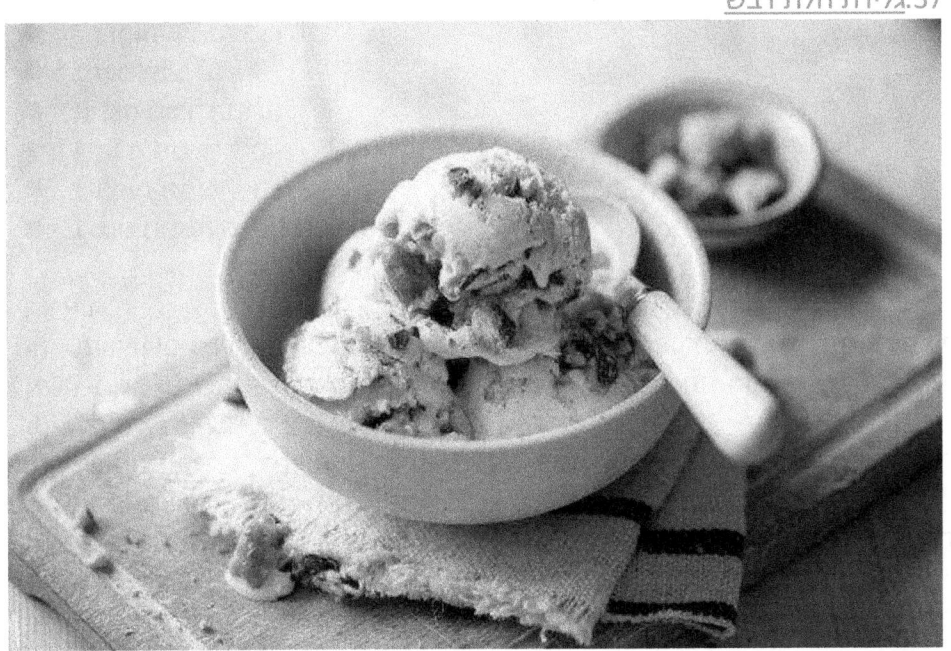

רכיבים:

- 2 כוסות שמנת כבדה
- 1 כוס חלב מלא
- ¾ כוס סוכר מגורען
- 4 חלמונים גדולים
- 1 כפית תמצית וניל
- 1 כוס ממתק חלת דבש כתוש

הוראות:

a) מערבבים בסיר את השמנת הכבדה, החלב המלא והסוכר המגורען. מחממים על אש בינונית עד שהתערובת חמה אך לא רותחת, תוך ערבוב מדי פעם.

b) בקערה נפרדת טורפים את החלמונים.

c) יוצקים בהדרגה כחצי כוס מתערובת השמנת החמה לתוך החלמונים, תוך כדי טריפה מתמדת למתן את החלמונים.

d) יוצקים את תערובת החלמונים הממוזגת בחזרה לסיר עם תערובת השמנת הנותרת, תוך ערבוב מתמיד.

e) מבשלים את התערובת על אש בינונית, תוך ערבוב מתמיד, עד שהיא מסמיכה ומצפה את גב הכף. אל תתנו לזה לרתוח.

f) מסירים את הסיר מהאש ומערבבים פנימה את תמצית הווניל.

g) מעבירים את התערובת לקערה ומכסים אותה בניילון נצמד, לוחצים את העטיפה ישירות על פני הרקפת כדי למנוע היווצרות עור.

h) מצננים את הקצפת במקרר לפחות 4 שעות או לילה.

i) לאחר הצטננות, יוצקים את הרפרפת לתוך מכשיר גלידה ומערבבים לפי הוראות היצרן.

j) במהלך הדקות האחרונות של החביתה, הוסיפו את ממתק חלת הדבש הכתוש והמשיכו לחבץ עד לקבלת תערובת אחידה.

k) מעבירים את גלידת חלת הדבש לכלי עם מכסה ומקפיאים לכמה שעות להתמצקות לפני ההגשה.

38.ביס יוגורט קפוא של סוכריות חלת דבש

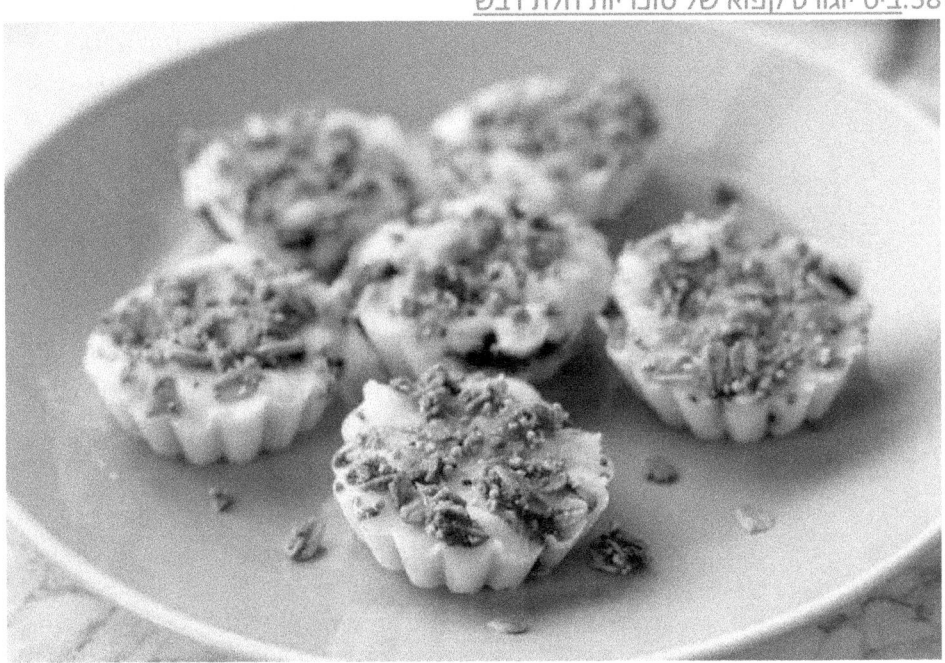

רכיבים:

- יוגורט יווני
- דבש
- ממתק חלת דבש, מרוסק
- ½ כוס אוכמניות בר קפואות (לא חובה)

הוראות:

a) מרפדים תבנית בנייר אפייה.

b) בקערה קטנה, ערבבו יוגורט יווני ודבש כדי להמתיק אותו לפי טעמכם.

c) מניחים כדורים קטנים מתערובת היוגורט על תבנית האפייה.

d) מפזרים סוכריות חלת דבש כתוש ופירות יער על כל בובה.

e) מניחים את נייר האפייה במקפיא למשך שעתיים עד שנגיסות היוגורט קפואים.

39.עוגת בננה חלת דבש

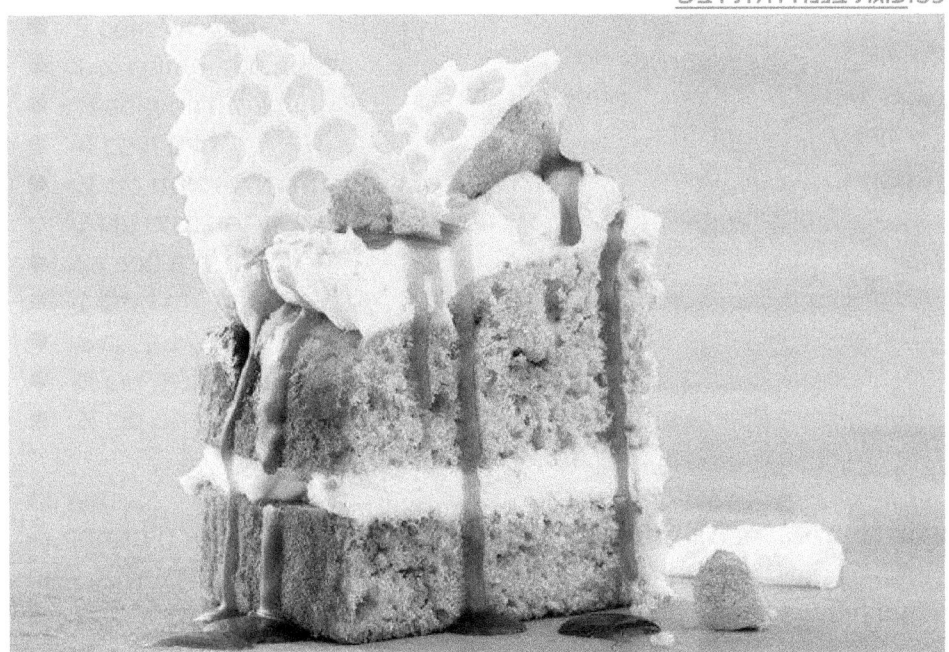

רכיבים:

- 2 כפות של קמח
- 1 ½ כפיות אבקת אפייה
- ½ כפית סודה לשתייה
- ¼ כפית מלח
- ½ כוס חמאה ללא מלח, מרוככת
- 1 כוס סוכר מגורען
- 2 ביצים גדולות
- 1 כפית תמצית וניל
- 3 בננות בשלות, מעוכות
- ½ כוס חלב
- ½ כוס ממתק חלת דבש כתוש

הוראות:

a) מחממים את התנור ל-350 מעלות צלזיוס (175 מעלות צלזיוס) ומשמנים תבנית עוגה עגולה בגודל 9 אינץ'.
b) בקערה בינונית, טורפים יחד את הקמח, אבקת האפייה, הסודה לשתייה והמלח. לְהַפְרִישׁ.
c) בקערה גדולה נפרדת, קרמו יחד את החמאה הרכה והסוכר עד לקבלת תערובת בהירה ותפוחה.
d) טורפים פנימה את הביצים אחת אחת, ואחריה תמצית וניל.
e) מערבבים פנימה את הבננות המעוכות עד לקבלת תערובת אחידה.
f) מוסיפים בהדרגה את החומרים היבשים למרכיבים הרטובים, לסירוגין עם חמאה, מתחילים ומסיימים עם החומרים היבשים. מערבבים רק עד לאיחוד.
g) מקפלים פנימה את ממתק חלת הדבש הכתוש.
h) יוצקים את הבלילה לתבנית העוגה המוכנה ומחליקים את החלק העליון בעזרת מרית.
i) אופים 35-40 דקות או עד שקיסם הננעץ במרכז יוצא נקי.
j) מוציאים מהתנור ונותנים לעוגה להתקרר בתבנית 10 דקות לפני שמעבירים אותה לרשת לצינון מלא.
k) לאחר התקררות, אתה יכול להקפיא את העוגה עם ציפוי לבחירתך או להגיש אותה כפי שהיא.

40.חלת דבש שוקולד מריר

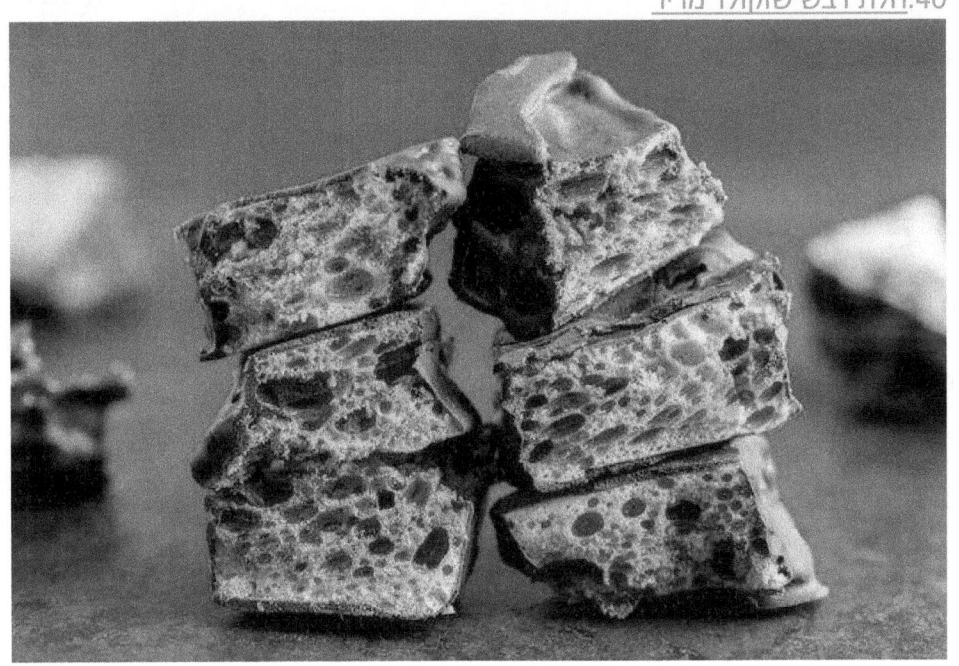

רכיבים:
- 8 אונקיות שוקולד מריר, קצוץ
- ½ כוס ממתק חלת דבש כתוש

הוראות:
a) מרפדים תבנית בנייר אפייה.

b) ממיסים את השוקולד המריר בקערה המתאימה למיקרוגל, תוך ערבוב כל 30 שניות עד לקבלת מרקם חלק.

c) יוצקים את השוקולד המומס על תבנית האפייה המוכנה ומורחים אותו לשכבה אחידה.

d) מפזרים את ממתק חלת הדבש הכתוש על השוקולד המומס, לוחצים אותו קלות כדי להידבק.

e) מניחים את נייר האפייה במקרר למשך כ-30 דקות או עד שהשוקולד מתייצב.

f) לאחר התייצבות, שוברים את חלת הדבש של השוקולד המריר לחתיכות ומגישים.

41.חלת דבש סוכריות חלב וארטיק דגנים

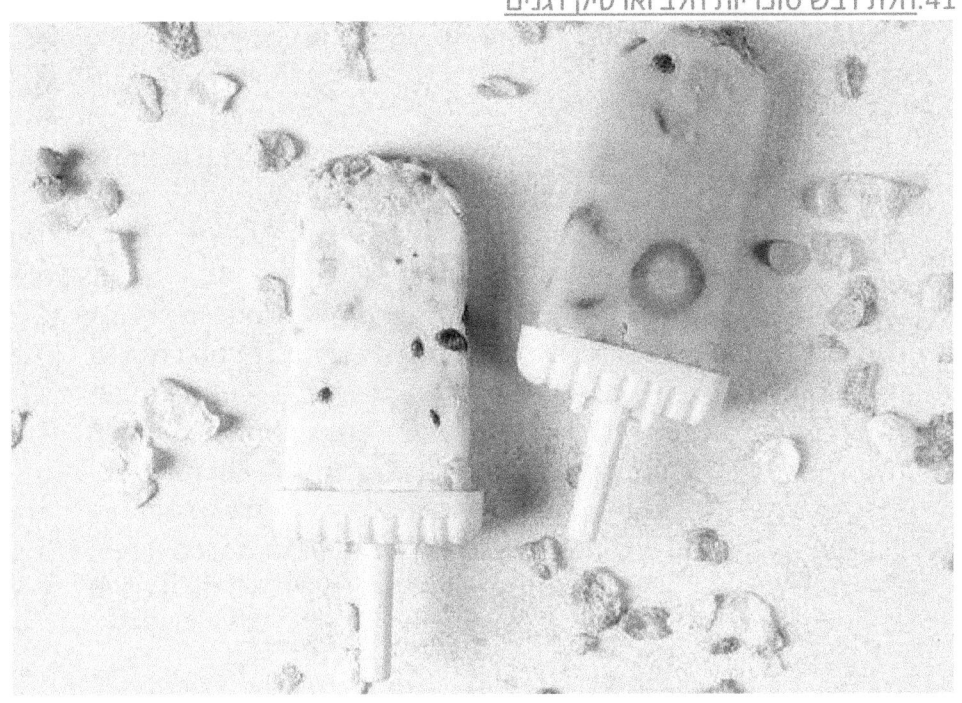

רכיבים:

● 2 כוסות חלב (חלבי או על בסיס צמחי)
● ¼ כוס דבש
● דגני חלת דבש
● ממתק חלת דבש, מרוסק
● פירות יער קצוצים, בננות או שוקולד צ'יפס (לא חובה)

הוראות:

a) בקערה, טורפים יחד את החלב והדבש עד לקבלת תערובת אחידה.
b) מניחים כמה חתיכות של ממתק חלת דבש כתוש וחופן קטן של דגני חלת דבש בכל תבנית ארטיק.
c) מוסיפים את התוספות האופציונליות.
d) יוצקים את תערובת החלב והדבש לתוך התבניות, ממלאים אותן עד למעלה.
e) מכניסים מקלות ארטיק לכל תבנית.
f) מקפיאים את הארטיקים למשך 4-6 שעות לפחות או עד להקפאה מלאה.
g) מוציאים את הארטיקים מהתבניות ונהנים.

42.עוגת גבינה חלת דבש

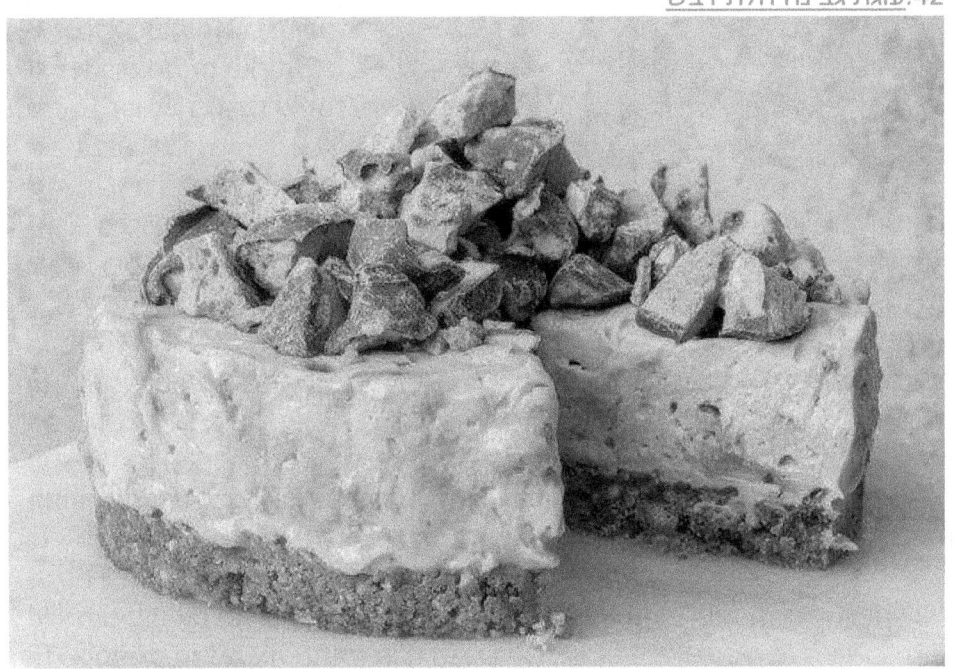

רכיבים:

- 1 ½ כוסות פירורי קרקר גרהם
- ¼ כוס חמאה מומסת
- 16 אונקיות גבינת שמנת, מרוככת
- 1 כוס סוכר
- 1 כפית תמצית וניל
- 3 ביצים גדולות
- ½ כוס ממתק חלת דבש כתוש

הוראות:

a) מחממים את התנור ל-325 מעלות צלזיוס (160 מעלות צלזיוס) ומשמנים תבנית קפיצית בגודל 9 אינץ'.

b) מערבבים בקערת מיקסר את פירורי קרקר גרהם וחמאה מומסת. מהדקים את התערובת לתחתית התבנית המוכנה ליצירת הקרום.

c) טורפים בקערה נפרדת את גבינת השמנת, הסוכר ותמצית הווניל עד לקבלת מרקם חלק וקרמי.

d) מוסיפים את הביצים בזו אחר זו וטורפים היטב לאחר כל הוספה.

e) מקפלים פנימה את ממתק חלת הדבש הכתוש.

f) יוצקים את תערובת גבינת השמנת על הקרום בתבנית הקפיצית.

g) אופים 50-60 דקות או עד שהמרכז מתייצב.

h) מוציאים מהתנור ונותנים לעוגת הגבינה להתקרר לחלוטין לפני שמעבירים למקרר למספר שעות או ללילה.

i) מגישים צונן ומקשטים עם סוכריות חלת דבש מרוסקות נוספות אם רוצים.

43.ממתקי חלת דבש Gateau

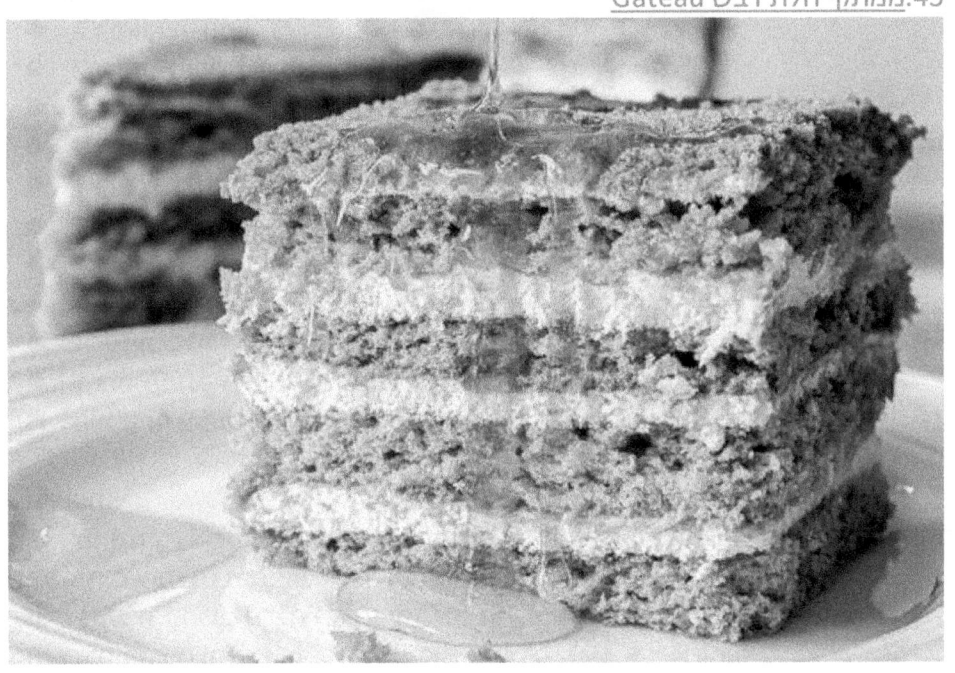

רכיבים:
- 2 כפות של קמח
- 2 כוסות סוכר מגורען
- 1 כוס חמאה ללא מלח, מרוככת
- 4 ביצים גדולות
- 1 כוס חלב חמאה
- 1 כפית תמצית וניל
- 1 כפית אבקת אפייה
- ½ כפית סודה לשתייה
- ¼ כפית מלח
- 1 כוס ממתק חלת דבש כתוש
- קצפת או ציפוי לקישוט (לא חובה)

הוראות:
a) מחממים את התנור ל-350 מעלות צלזיוס (175 מעלות צלזיוס) ומשמנים ומקמחים שתי תבניות עוגה עגולות בגודל 9 אינץ'.
b) בקערת ערבוב גדולה, קרמו יחד את החמאה הרכה והסוכר המגורען עד לקבלת תערובת בהירה ותפוחה.
c) טורפים פנימה את הביצים, אחת בכל פעם, ולאחר מכן את תמצית הווניל.
d) בקערה נפרדת, טורפים יחד את הקמח, אבקת האפייה, הסודה לשתייה והמלח.
e) מוסיפים בהדרגה את החומרים היבשים למרכיבים הרטובים, לסירוגין עם חמאה, מתחילים ומסיימים עם החומרים היבשים. מערבבים רק עד לאיחוד.
f) מקפלים פנימה את ממתק חלת הדבש הכתוש.
g) מחלקים את הבלילה באופן שווה בין תבניות העוגה המוכנות ומחליקים את החלק העליון בעזרת מרית.
h) אופים בתנור שחומם מראש 25-30 דקות או עד שקיסם הננעץ במרכז יוצא נקי.
i) מוציאים מהתנור ומניחים לעוגות להתקרר בתבניות למשך 10 דקות לפני שמעבירים אותן לרשת לצינון מלא.
j) לאחר התקררות, אפשר להקפיא את העוגות בקצפת או בציפוי אם רוצים. מרכיבים את השכבות ליצירת עוגה בסגנון גייטו.

44.בריבי גלידת חלת דבש

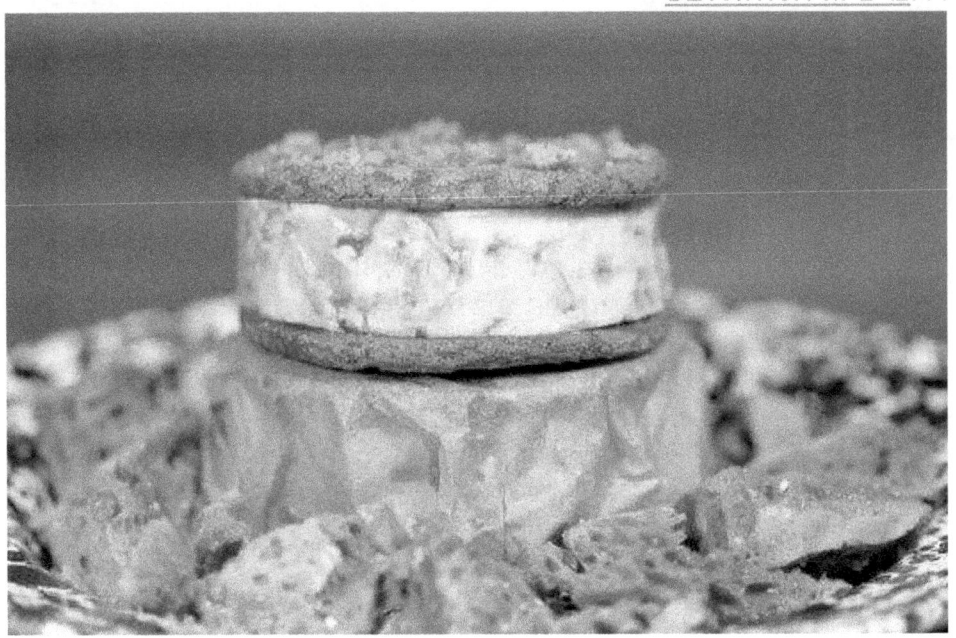

רכיבים:

- גלידת חלת דבש 1 ליטר
- 12 עוגיות לבחירה (שוקולד צ'יפס, סוכר וכו')
- ממתק חלת דבש כתוש לגלגול

הוראות:

a) אפשרו לגלידת חלת הדבש להתרכך מעט בטמפרטורת החדר.

b) קח כדור גלידה והניח אותו על הצד השטוח של עוגייה אחת.

c) מעל הגלידה עוגייה נוספת, לוחצים בעדינות ליצירת כריך.

d) מגלגלים את הקצוות של כריך הגלידה בממתק חלת דבש כתוש לציפוי הצדדים.

e) חוזרים על התהליך עם שאר העוגיות והגלידה.

f) מניחים את כריכי הגלידה עם חלת הדבש במקפיא למשך שעה לפחות או עד שהם יציבים.

g) הגישו את כריכי הגלידה המצוננים עבור פינוק מענג של חלת דבש.

45.עוגת קפה דבש

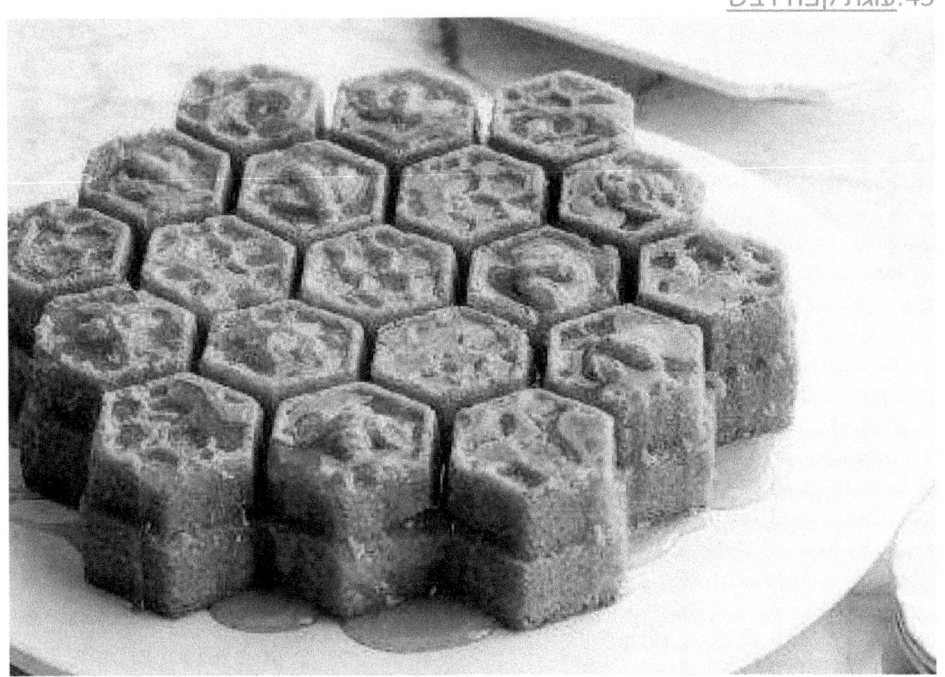

רכיבים:

לעוגה:
- 2 כפות של קמח
- 1 ½ כפיות אבקת אפייה
- ½ כפית סודה לשתייה
- ¼ כפית מלח
- ½ כוס חמאה ללא מלח, מרוככת
- ¾ כוס סוכר מגורען
- 2 ביצים גדולות
- 1 כפית תמצית וניל
- ½ כוס שמנת חמוצה
- ¼ כוס דבש
- ¼ כוס חלב

לטופינג שטראוזל:
- ½ כוס קמח לכל מטרה
- ¼ כוס סוכר מגורען
- ¼ כוס סוכר חום ארוז
- ½ כפית קינמון טחון
- ¼ כוס חמאה ללא מלח, מומסת

עבור הזיגוג:
- 1 כוס אבקת סוכר
- 1 כף דבש
- 2 כפות חלב

הוראות:

a) מחממים את התנור ל-350 מעלות צלזיוס (175 מעלות צלזיוס). משמנים ומקמחים תבנית עוגה עגולה בגודל 9 אינץ'.

b) בקערה בינונית, טורפים יחד את הקמח, אבקת האפייה, הסודה לשתייה והמלח. לְהַפְרִישׁ.

c) בקערת ערבוב גדולה, קרמו יחד את החמאה הרכה והסוכר המגורען עד לקבלת תערובת בהירה ותפוחה.

d) טורפים פנימה את הביצים אחת אחת, ואחריה תמצית וניל.

e) מוסיפים לתערובת החמאה את השמנת החמוצה, הדבש והחלב ומערבבים עד לקבלת תערובת אחידה.

f) מוסיפים בהדרגה את החומרים היבשים לחומרים הרטובים, ומערבבים עד שהם פשוט נטמעים. היזהרו לא לערבב יתר על המידה.

g) יוצקים את הבלילה לתבנית העוגה המוכנה, מפזרים אותה בצורה אחידה.

h) בקערה קטנה נפרדת, מערבבים את הקמח, הסוכר, הסוכר החום והקינמון לציפוי השטרויזל.

i) יוצקים פנימה את החמאה המומסת ומערבבים עד שהתערובת מזכירה פירורים גסים.

j) מפזרים את ציפוי השטרויזל באופן שווה על בלילת העוגה.

k) אופים בתנור שחומם מראש במשך 30-35 דקות, או עד שקיסם הננעץ במרכז יוצא נקי.

l) מוציאים את העוגה מהתנור ומניחים לה להתקרר בתבנית למשך 10 דקות, ואז מעבירים אותה לרשת לצינון מלא.

m) בזמן שהעוגה מתקררת, מכינים את הזיגוג על ידי הקצפה של אבקת הסוכר, הדבש והחלב עד לקבלת תערובת חלקה.

n) לאחר שהעוגה התקררה, מטפטפים את הזיגוג על החלק העליון של העוגה.

o) פורסים ומגישים את עוגת הקפה הדבש הטעימה.

p) תיהנו מעוגת הקפה הלחה ומלאת הטעם הזו עם כוס קפה או תה!

46.עוגת לימון חלת דבש

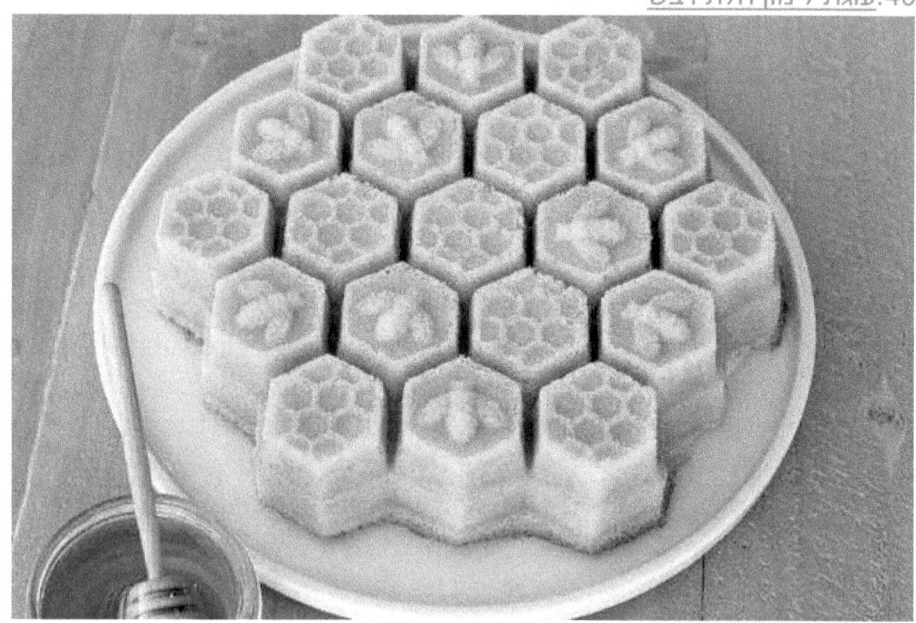

רכיבים:

לעוגה:

- 2 כפות של קמח
- 2 כפיות אבקת אפיה
- ½ כפית סודה לשתייה
- ¼ כפית מלח
- ½ כוס חמאה ללא מלח, מרוככת
- 1 כוס סוכר מגורען
- 3 ביצים גדולות
- קליפת 2 לימונים
- ¼ כוס מיץ לימון טרי
- ½ כוס חלב
- ¼ כוס דבש
- 1 כפית תמצית וניל

למילוי חלת הדבש:

- 1 כוס סוכריות חלת דבש, מרוסקות לחתיכות קטנות

לזיגוג הלימון:

- 1 כוס אבקת סוכר
- 2 כפות מיץ לימון טרי

הוראות:

a) מחממים את התנור ל-350 מעלות צלזיוס (175 מעלות צלזיוס). משמנים ומקמחים תבנית עוגה עגולה בגודל 9 אינץ'.

b) בקערה בינונית, טורפים יחד את הקמח, אבקת האפייה, הסודה לשתייה והמלח. לְהַפְרִישׁ.

c) בקערת ערבוב גדולה, קרמו יחד את החמאה הרכה והסוכר המגורען עד לקבלת תערובת בהירה ותפוחה.

d) טורפים פנימה את הביצים בזו אחר זו, ולאחר מכן את גרידת הלימון ומיץ הלימון.

e) מוסיפים את החלב, הדבש ותמצית הווניל לתערובת החמאה ומערבבים עד לקבלת תערובת אחידה.

f) מוסיפים בהדרגה את החומרים היבשים לחומרים הרטובים, ומערבבים עד שהם פשוט נטמעים. היזהרו לא לערבב יתר על המידה.

g) יוצקים מחצית מבלילת העוגה לתבנית העוגה המוכנה, מפזרים אותה בצורה אחידה.

h) מפזרים את ממתק חלת הדבש הכתוש על הבלילה, ומבטיחים פיזור אחיד.

i) יוצקים את בלילת העוגה הנותרת על שכבת סוכריות חלת הדבש, מורחים אותה לכיסוי המילוי.

j) אופים בתנור שחומם מראש במשך 30-35 דקות, או עד שקיסם הננעץ במרכז יוצא נקי.

k) מוציאים את העוגה מהתנור ומניחים לה להתקרר בתבנית למשך 10 דקות, ואז מעבירים אותה לרשת לצינון מלא.

l) בזמן שהעוגה מתקררת, מכינים את זיגוג הלימון על ידי הקצפה של אבקת הסוכר ומיץ הלימון הטרי עד לקבלת תערובת חלקה.

m) לאחר שהעוגה התקררה, מטפטפים את זיגוג הלימון על החלק העליון של העוגה.

n) פורסים ומגישים את עוגת הלימון הטעימה של חלת דבש.

תוירכוסו תויגוע

47.עוגיות דבש

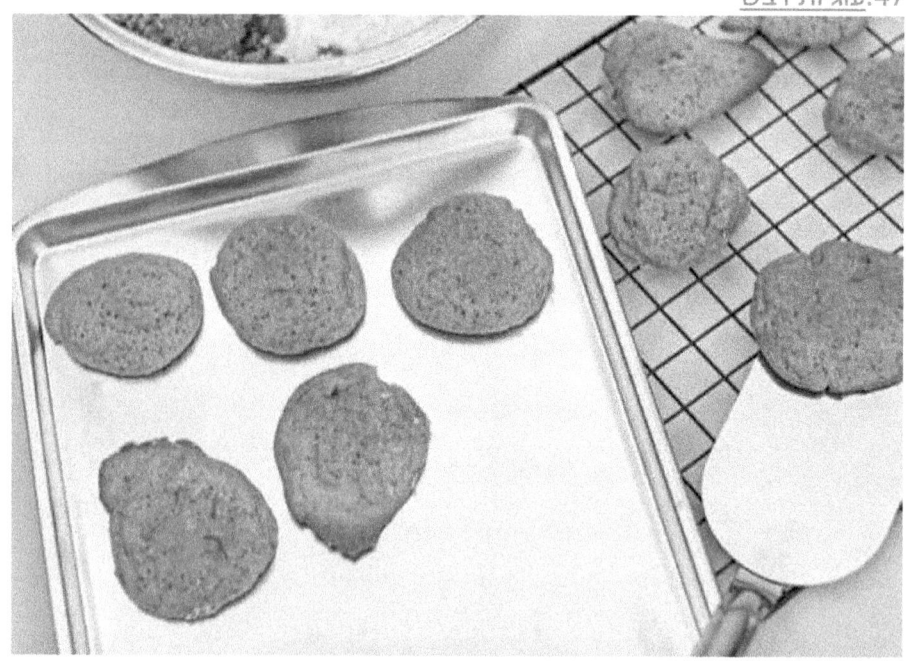

רכיבים:

- 2/1 כוס (225 גרם) חמאה, מרוככת
- 2/1 כוס (115 גרם) סוכר חום כהה, ארוז
- 2/1 כוס (170 גרם) דבש
- ביצה 1
- 2/11 כוסות (188 גרם) קמח לכל מטרה
- 2/1 כפית סודה לשתייה
- 2/1 כפית מלח
- 2/1 כפית קינמון
- תבנית אפייה

הוראות:

a) מחממים את התנור ל-375 מעלות צלזיוס (180 מעלות צלזיוס, או סימן גז 4).

b) מקציפים יחד את החמאה, הסוכר החום, הדבש והביצה בקערה בינונית עד לקבלת תערובת חלקה, מגרדים את הצדדים מדי פעם. מערבבים פנימה את כל שאר החומרים.

c) מורידים את הבצק בכף על תבנית משומנת או מרופדת בנייר אפייה. אופים כ-7 עד 10 דקות או עד שהעוגיות מתייצבות והשוליים מתחילים להשחים. העוגיות עדיין ייראו מבריקות כשהן מוכנות.

d) מסירים אותם מתבנית האפייה, מניחים על רשת ומניחים להתקרר לחלוטין. אלה עדיף ליהנות טריים, אבל אם צריך הם נשמרים במשך כמה ימים בבלי אטום.

48. נשיכות אנרגיה

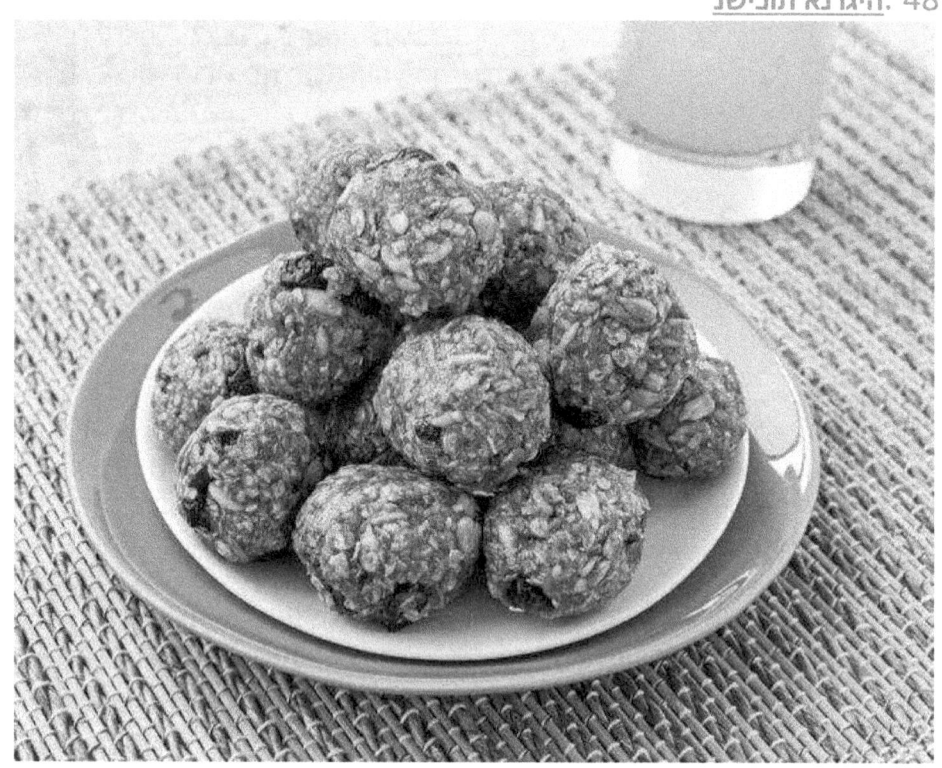

רכיבים:

- 2 כוסות (160 גרם) שיבולת שועל
- 1 כוס (משקל ישתנה) זרעים
- 2/1 כוס (משקל ישתנה) אגוזים, קצוצים
- 2/1 כוס (המשקל ישתנה) פירות יבשים קצוצים במידת הצורך
- 2 כפות (44 גרם) זרעי פשתן, טחונים
- 3/2 כוס (230 גרם) דבש
- 2/1 עד 4/3 כוס (130 עד 195 גרם) חמאת אגוזים
- 1 כף (15 מ"ל) תמצית וניל
- 4 כפות (36 גרם) אבקה
- קערה בינונית
- קערה קטנה
- כף עץ

הוראות:

1. מודדים את כל החומרים היבשים לקערה בינונית. לְהַפְרִישׁ.
2. מודדים את הדבש וחמאת האגוזים לקערה קטנה. מחממים מעט את התערובת כדי שיהיה קל יותר לבחוש. מוסיפים תמצית וניל ואבקה. מערבבים לאיחוד.
3. מוסיפים את תערובת חמאת אגוזי הדבש לחומרים היבשים ומערבבים היטב.
4. יוצרים כדורים בגודל ביס בקוטר של כ-2/11 אינץ' (4 ס"מ). שומרים בבלי אטום במקרר. הם נשמרים מספר שבועות אם מאוחסנים במקרר.

49. דבש קרמלים

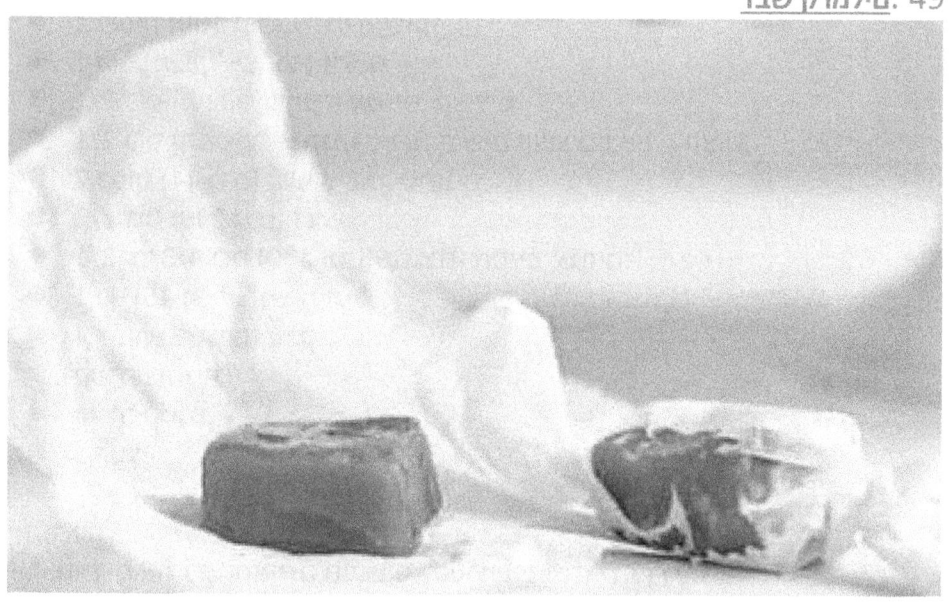

רכיבים:

- 1 כוס (235 מ"ל) שמנת כבדה
- 1 גרגיר וניל, מפוצל לאורך
- 3 כפות (15 גרם) אבקת קקאו לא ממותק (לא חובה)
- 3/11 כוסות (267 גרם) סוכר
- 3/2 כוס (230 גרם) דבש
- 1 מקל (4 אונקיות, או 112 גרם) של חמאה ללא מלח, מרוכך וחתוך לקוביות
- 1 כפית מלח ים גס
- תבנית אפייה, 9 אינץ' על 9 אינץ' (23 ס"מ על 23 ס"מ)
- נייר שעווה
- סיר קטן
- סיר גדול
- לְהַקְצִיף
- מדחום לממתקים
- סכין חדה
- קרש חיתוך

הוראות:

1. מרפדים את תבנית האפייה בנייר שעווה, ומשאירים תולים ארוכים משני הצדדים.
2. מאחדים בסיר קטן את השמנת ופולי הווניל המפוצלים ומבשלים על אש קטנה 10 דקות. מוציאים את פולי הווניל, מגרדים זרעים ומוסיפים לקרם. מוסיפים את אבקת הקקאו, אם רוצים, ומערבבים לאיחוד. לשמור על חום על אש נמוכה.
3. בסיר גדול מערבבים את הסוכר והדבש. מבלי לערבב, ממיסים את תערובת הדבש והסוכר על אש בינונית עד לקבלת תערובת חלקה ונמסה. ממשיכים לחמם את התערובת עד שהיא מתכהה לצבע קרמל עמוק, כ-5 דקות. שימו לב היטב - הסוכר נשרף במהירות!
4. מסירים מהאש וטורפים פנימה את נתחי החמאה בזה אחר זה. לאחר הוספת כל החמאה, טורפים פנימה את תערובת קרם הווניל החמה.
5. מביאים את הסיר לרתיחה על אש בינונית וממשיכים לרתוח עד שהתערובת מגיעה לשלב הכדור הקשה (ראה סרגל צד). מסירים מהאש ויוצקים את הקרמל למחבת המוכנה.
6. מניחים את התבנית במקרר למשך כ-10 דקות להתייצבות קלה ולאחר מכן מפזרים מעל קרמלים מלח ים. מניחים לקרמל להתייצב בטמפרטורת החדר למשך כשעה או עד להתקררות מלאה.
7. כדי להוציא מהתבנית, מושכים בעדינות את נייר השעווה ומוציאים את גוש הקרמל מהתבנית. חותכים לריבועים בסכין חדה ועוטפים בחתיכות קטנות של נייר שעווה.
8. שומרים את הקרמלים העטופים בכלי אטום כדי למנוע מהם למשוך לחות ולהידבק מבחוץ. בהנחה שהם לא נאכלים קודם, הם צריכים להישמר במשך מספר שבועות.

50. קציצות מנטה

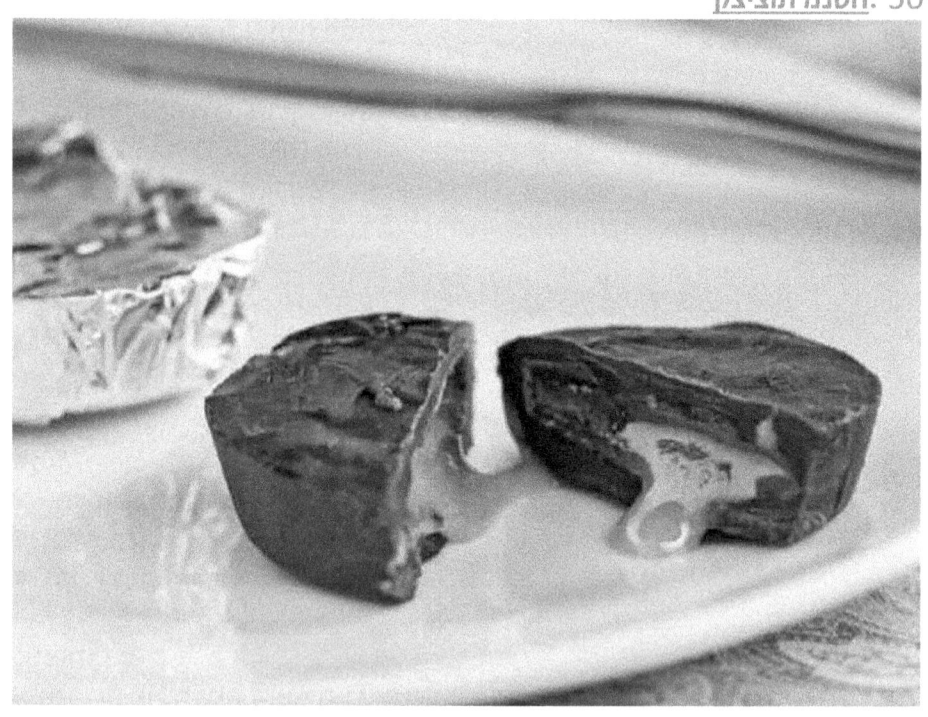

רכיבים:

- 3.5 עד 4 אונקיות (100 עד 115 גרם) שוקולד מריר
- 3 כפות (60 גרם) דבש מוצק
- 4/1 כפית שמן מנטה (בדרגת מזון)
- דוד כפול
- 2/1 כפית כף מדידה
- תבנית מיני מאפינס מסיליקון
- קערה קטנה
- כף
- נייר כסף לממתקים

הוראות:

a) ממיסים את השוקולד בסיר כפול. לאחר ההמסה, מטפטפים כ-2/1 כפית מהשוקולד לתחתית כל כוס מיני-מאפין סיליקון. השתמשו בכף כדי לפזר את השוקולד מעט בצדדים ולאפשר להתקשות.

b) בקערה קטנה מערבבים את הדבש ושמן הנענע.

c) לאחר שהשכבה הראשונה של השוקולד התקשה, כף כף מתערובת הדבש במרכז כל כוס ומעל את יתרת השוקולד המומס. אני בדרך כלל מתחיל לטפטף מבחוץ ועובד לכיוון האמצע. מצננים היטב ומוציאים מהתבניות.

d) מאחסנים בכלי אטום. נשמר למספר חודשים.

יוויל

51. <u>שבד לדרח</u>

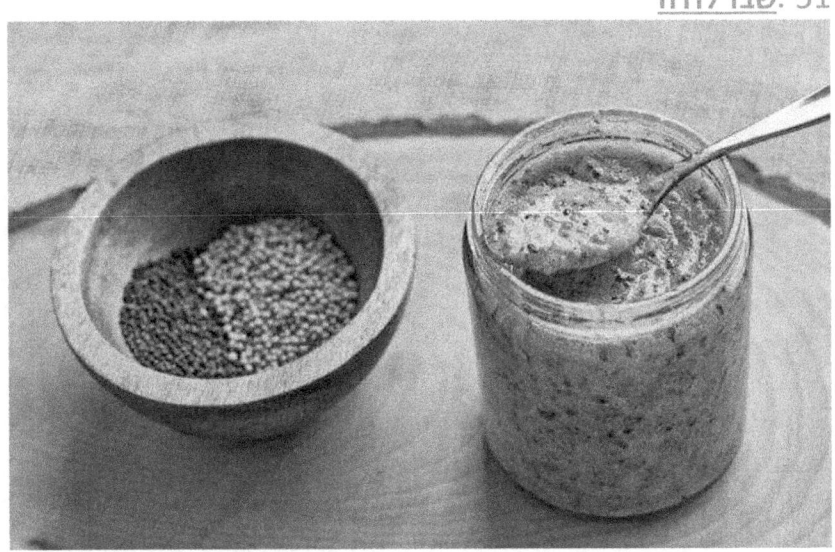

רכיבים:

- 4/1 כוס (44 גרם) זרעי חרדל צהובים
- 4/1 כוס (60 מ"ל) מים
- 2 כפות (28 מ"ל) חומץ תפוחים
- 4/1 כפית מלח
- 2 עד 4 כפות (40 עד 85 גרם) דבש
- צנצנת שימורים בגודל פיטר (475 מ"ל) עם פה רחב
- בלנדר טבילה
- כוסות וכפות מדידה

הוראות:

a) מדדו את זרעי החרדל לתוך צנצנת השימורים בגודל ליטר (475 מ"ל). מוסיפים את המים ומניחים לכמה דקות. מוסיפים את החומץ, מכסים את הצנצנת במכסה ומכניסים למקרר ללילה.

b) עד למחרת, הזרעים יספגו את רוב הנוזלים. השתמשו בבלנדר טבילה כדי לטהר את תכולת הצנצנת ככל הרצוי. מוסיפים את המלח והדבש ומערבבים היטב.

c) מוסיפים את המכסה ומקררים את החרדל למספר ימים, מניחים לו להתרכך מעט לפני שמעריכים את הטעם. יישמר מספר חודשים במקרר.

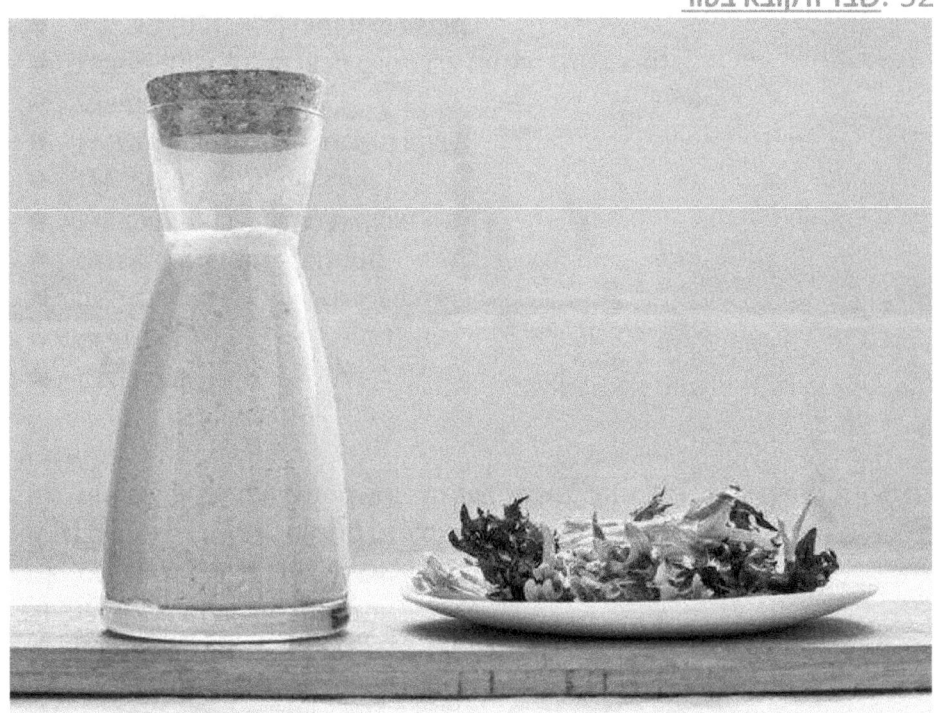

רכיבים:

- 2/1 כוס (120 מ"ל) שמן זרעי ענבים
- 2 כפות (40 גרם) דבש או שום דבש מותסס (מוצג כאן)
- 2 שיני שום
- 1 אבוקדו בינוני, קלוף, מגולען וקצוץ
- 4/1 כוס (60 מ"ל) מיץ ליים
- 4/1 כוס (4 גרם) כוסברה קצוצה
- מלח ופלפל שחור לפי הטעם
- מַמחֶה
- מָרִית
- בכלי אטום

הוראות:

a) מערבבים בבלנדר את השמן, הדבש, השום, האבוקדו, מיץ הליים והכוסברה ומתבלים במלח ופלפל. טוחנים עד לקבלת מחית חלקה.
b) השתמשו במרית כדי להעביר את הרוטב לכלי אטום.
c) שומרים במקרר עד 3 ימים.

53 .הקבא םע שבד טרגיניו

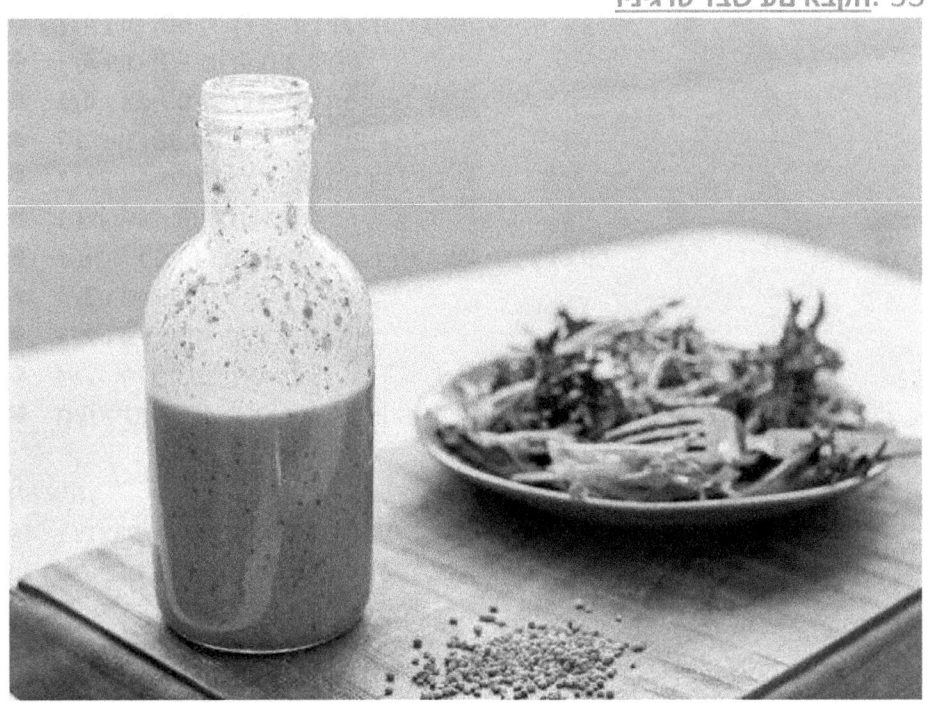

רכיבים:

- 4/1 כוס (60 מ"ל) שמן זית כתית מעולה
- 4/1 כוס (60 מ"ל) מיץ לימון
- 4/1 כוס (60 מ"ל) חומץ תפוחים
- 2 כפות (30 גרם) חרדל דבש
- 2/11 כפות (14 גרם) אבקת דבורים
- 1 שן שום, קצוצה
- 1 עד 2 כפיות דבש (תלוי במתיקות של חרדל דבש)
- 2/1 כפית כמון
- 2/1 כפית פפריקה מתוקה
- מלח ופלפל לפי הטעם
- חצי ליטר (475 מ"ל) צנצנת או קנקן עם מכסה

הוראות:

a) בצנצנת או בקנקן מערבבים את כל המרכיבים יחד.
b) מקררים מספר שעות כדי שהטעמים יתמזגו וכדי שגרגרי האבקה יתפרקו.
c) מערבבים היטב לפני ההגשה.
d) נשמר כשבוע במקרר.

54. שבד ויקיברב בטור

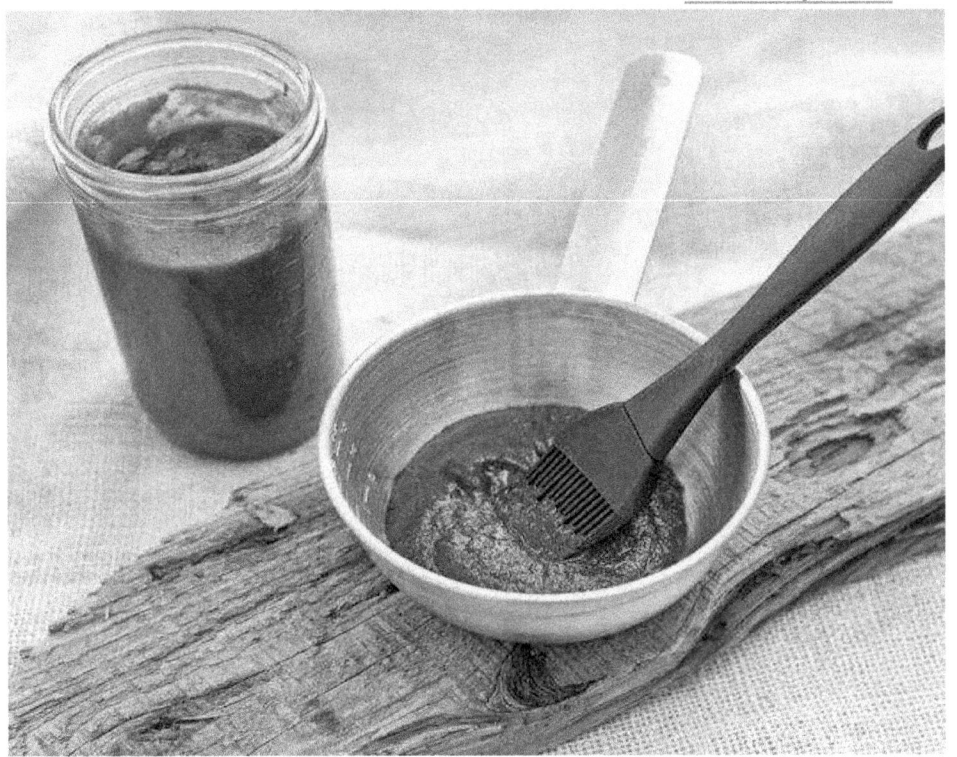

רכיבים:
- 1 כוס (240 גרם) קטשופ
- 1 כוס (235 מ"ל) חומץ לבן
- 2 כפות (40 גרם) מולסה
- 1 כוס (340 גרם) דבש
- 1 כפית מלח
- 2/1 כפית פלפל
- 2 כפיות חרדל יבש
- 1 כפית פפריקה
- 2/11 כפיות אבקת שום
- 2/11 כפיות אבקת בצל
- סיר בינוני
- לְהַקְצִיף
- בכלי אטום

הוראות:
a) בסיר בינוני, טורפים את כל החומרים ומחממים על אש בינונית. מבשלים את רוטב הברביקיו במשך 10 עד 15 דקות.

b) מסירים מהאש ומניחים להתקרר.

c) מעבירים לכלי אטום ומאחסנים במקרר עד לשימוש. השתמש תוך חודש.

124

55. ושועמ שבד

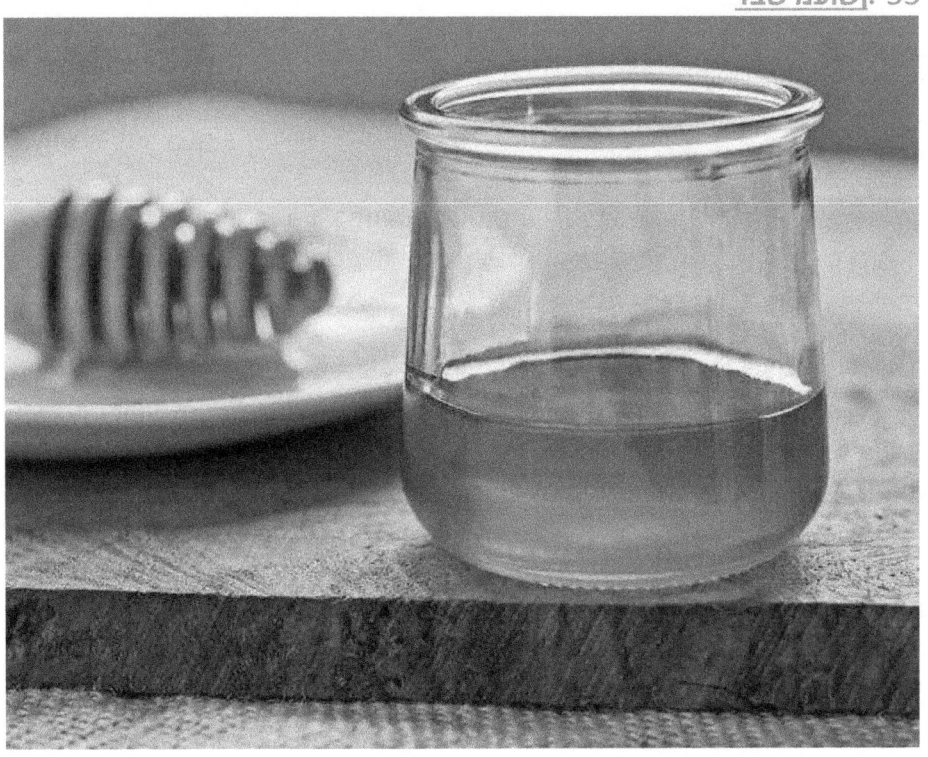

רכיבים:

● דבש
● עישון שבבי עץ
● מעשנת או גריל
● מגשי נייר כסף
● כף עץ
● מכסי מגש נייר כסף, נייר כסף או פלסטיק
● מיכלים אטומים

הוראות:

a) יוצקים את הדבש למגשי נייר כסף (יש לוודא שהדבש אינו עבה מ-2/1 אינץ' [1 ס"מ] לחשיפה מקסימלית).

b) מניחים את מגשי נייר הכסף על הרשת במעשנת או בגריל.

c) לעשן קר את הדבש למשך 30 דקות למעשנים קטנים יותר או 60 דקות למעשנים גדולים יותר. מערבבים כל 15 עד 20 דקות.

d) הסר את המגשים מהמעשנת או הגריל.

e) מכסים את המגשים במכסה, בנייר כסף או בניילון מזון ומניחים בצד (בפנים) בטמפרטורת החדר למשך 24 שעות.

f) לטעום את הדבש המעושן, לערבב עם דבש לא מעושן אם הטעם המעושן חזק מדי לטעמך.

g) יוצקים את הדבש המעושן למיכלים אטומים כמו צנצנות זכוכית עם מכסה.

h) זה יכול לשמש מיד או לאחסן בטמפרטורת החדר כמו עם דבש רגיל. מערבבים את הדבש לפני השימוש.

מזונות מותססים

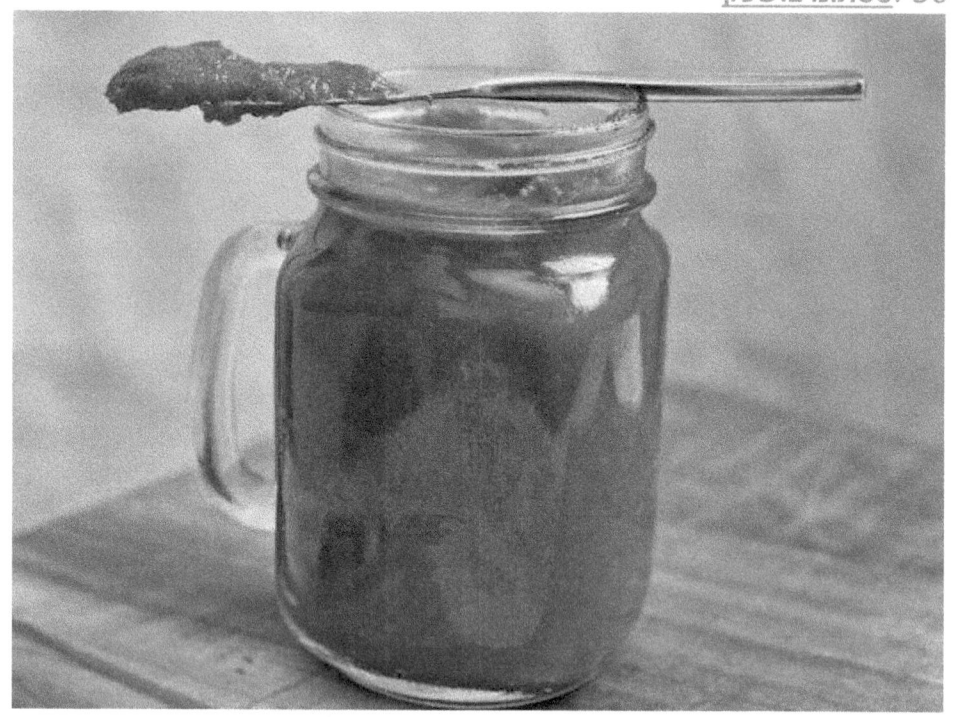

רכיבים:

- 2 קופסאות שימורים (6 אונקיות, או 170 גרם, כל אחת) של רסק עגבניות
- 3 כפות (60 גרם) דבש
- 3 כפות (45 מ"ל) חומץ תפוחים
- 2 כפות (28 מ"ל) מי גבינה
- 4/1 כפית אבקת בצל
- 2/1 כפית מלח
- 8/1 כפית פלפל שחור
- 8/1 כפית פלפל אנגלי
- צנצנת נקייה של ליטר (475 מ"ל).
- מכסה שימורים או מכסה עם מנעול אוויר

הוראות:

a)   מערבבים את כל המרכיבים בצנצנת שימורים בגודל ליטר (475 מ"ל), טועמים ומתקנים את התבלינים לפי הצורך. מכסים במנעול אוויר או במכסה רגיל.

b)   אפשר לקטשופ תוצרת בית לשבת בטמפרטורת החדר במשך 2 עד 3 ימים. אם משתמשים במכסה רגיל, פתחו את הצנצנת כל יום בערך כדי לשחרר את הגזים. זה לא הכרחי אם נעשה שימוש במנעול אוויר.

c)   שומרים את הקטשופ במקרר עוד 3 ימים לפני ההנאה. נשמר למספר שבועות.

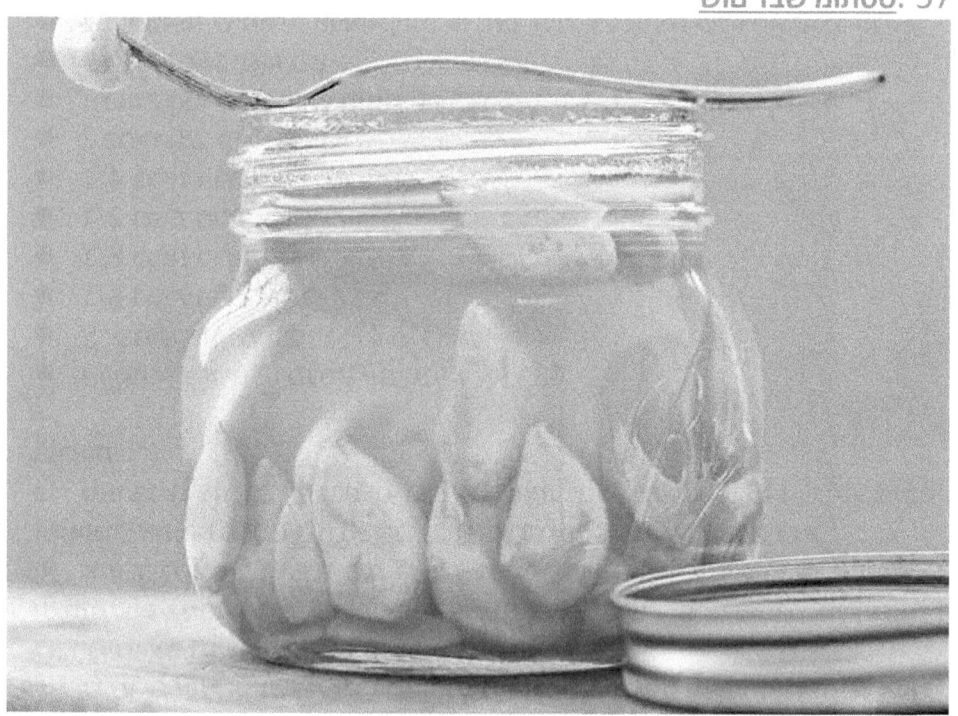

רכיבים:

- 3 עד 5 פקעות שום
- בערך 1 כוס (340 גרם) דבש גולמי
- נקה צנצנת ליטר (475 מ"ל) עם מכסה

הוראות:

a) מקלפים את שיני השום ומועכים אותן קלות.

b) ממלאים צנצנת ליטר (475 מ"ל) כשלושה רבעים מלאה בשום ומוסיפים מספיק דבש כדי לכסות תוך מתן מקום מספיק לראש בצנצנת כדי שהתסיסה תבעבע, לפחות 1 עד 2 אינץ' (2.5 עד 5 ס"מ). הברג את המכסה על הצנצנת ותן לו לנוח על השיש שלך במשך חודש אחד.

c) כל יום, גיהקו את הצנצנת על ידי הסרת המכסה ושחרור האוויר המצטבר. לאחר חודש מאחסנים במקרר.

58. תוססתומ שבד תויצומח

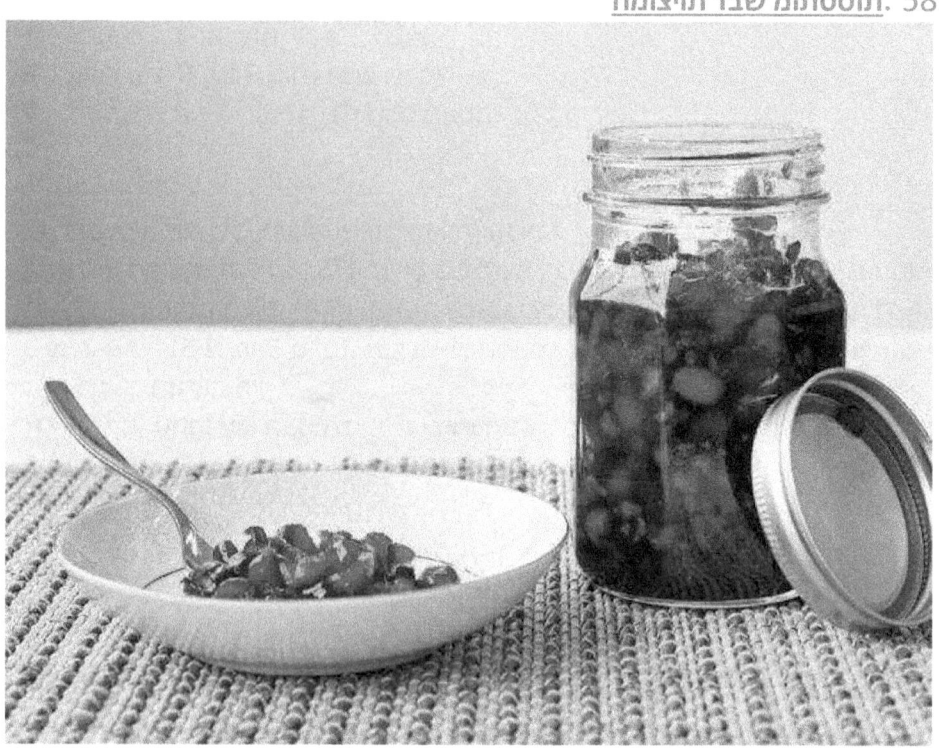

רכיבים:

- 1 שקית (12 אונקיות, או 340 גרם) של חמוציות טריות
- גרידה של תפוז אחד
- דבש לכיסוי, בערך 12 אונקיות, או 340 גרם
- מִסנֶנֶת
- מעבד מזון
- צנצנת שימורים נקייה ליטר (950 מ"ל) עם מכסה

הוראות:

a) שוטפים וממיינים את החמוציות ולאחר מכן דוחסים קלות את פירות היער במעבד מזון. המטרה היא לשבור אותם, לא לטהר אותם.

b) מוסיפים את פירות היער וגרידת התפוז לצנצנת שימורים של ליטר (950 מ"ל). יוצקים את הדבש על החמוציות ומלאים לאט את הצנצנת, תוך עצירה של כ-1 עד 2 אינץ' (2.5 עד 5 ס"מ) מלמעלה.

c) סוגרים את הצנצנת ומניחים את הצנצנת במקום חמים וחשוך. סובבו את הצנצנת מדי יום למשך שבוע עד שבועיים עד שהדבש מתדלדל ולאחר מכן השאירו את החמוציות לתסוס עוד 4 עד 6 שבועות. אחסן באזור קריר.

59. סודה ברי דבש פרוביוטית סודה

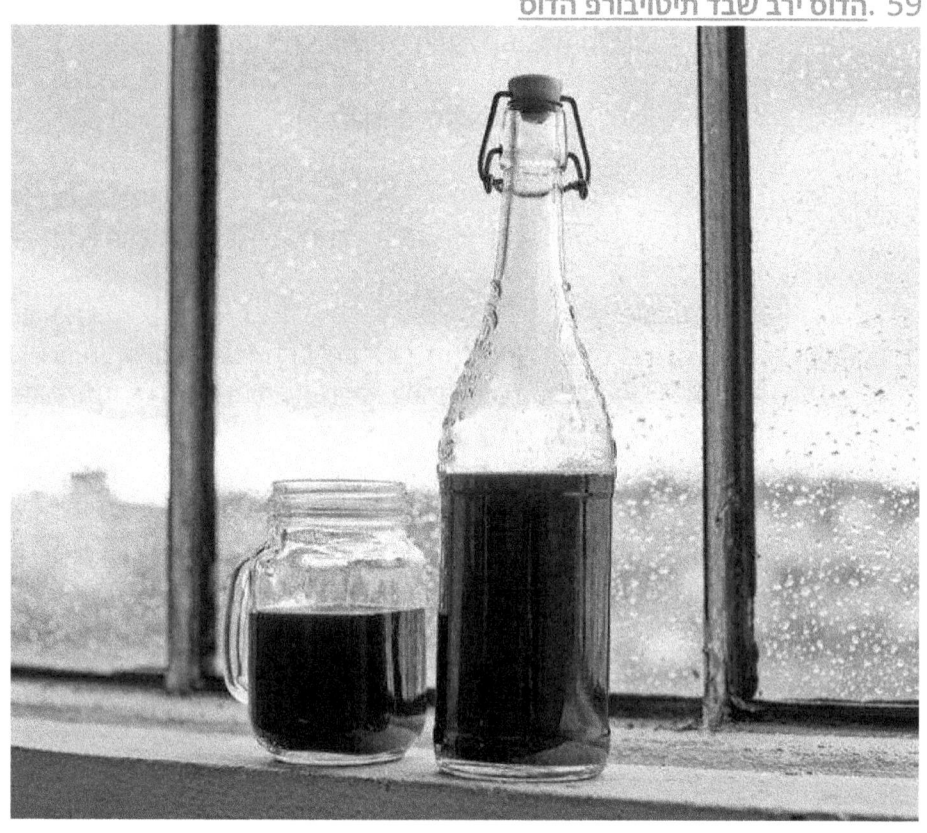

רכיבים:

- 5 כוסות (1.2 ליטר) מים
- 5 כוסות (המשקל ישתנה) פירות יער (כתושים)
- 4/3 כוס (170 גרם) דבש
- 2/1 כוס (120 מ"ל) מי גבינה טרי (ראה סינון יוגורט עבור מי גבינה, מוצג כאן)
- מים נוספים לפי הטעם
- סיר גדול
- מד חום
- מסננת או מסננת
- נקה צנצנת שימורים מזכוכית בנפח של 2/1 ליטר (1.9 ליטר) עם מכסה מנעול אוויר
- כף עץ
- נקה בקבוקי כפכפים

הוראות:

a) בסיר, מבשלים בעדינות את המים ופירות היער במשך כ-30 דקות. הניחו לתערובת להתקרר לכ-(38°C) 100°F.

b) מסננים את נוזלי פירות היער דרך מסננת לתוך צנצנת התסיסה המוכנה. מוסיפים את הדבש לצנצנת, מערבבים כדי להמיס אותו לחלוטין. מוסיפים את מי הגבינה ומים נוספים לפי הטעם. התערובת תהיה מתוקה למדי, אבל הרבה מהמתיקות הזו ינוצל במהלך התסיסה.

c) אוטמים את הצנצנת במכסה מנעול אוויר ומשאירים במקום חמים על השיש למשך כשלושה ימים. בדוק אם יש חמצמצות וחמיצות. התסיסה יכולה להימשך עד שבוע אחד או יותר בהתאם לטמפרטורה במהלך התסיסה וחוזק מי גבינה. בכל שהחדר חם יותר והתסיסה ארוכה יותר, כך הסודה תהיה תוססה יותר וחמצנית יותר.

d) לאחר שהוא הגיע לחמיצות ולסחרחורת המועדפים, העבירו את הסודה לבקבוקי הכפכפים ומקררים כדי להאט את התסיסה עד שניתן לצרוך את הסודה. הסודה היא בדרך כלל הטובה ביותר כאשר צורכים אותה תוך שבועיים.

60. טפצ'י

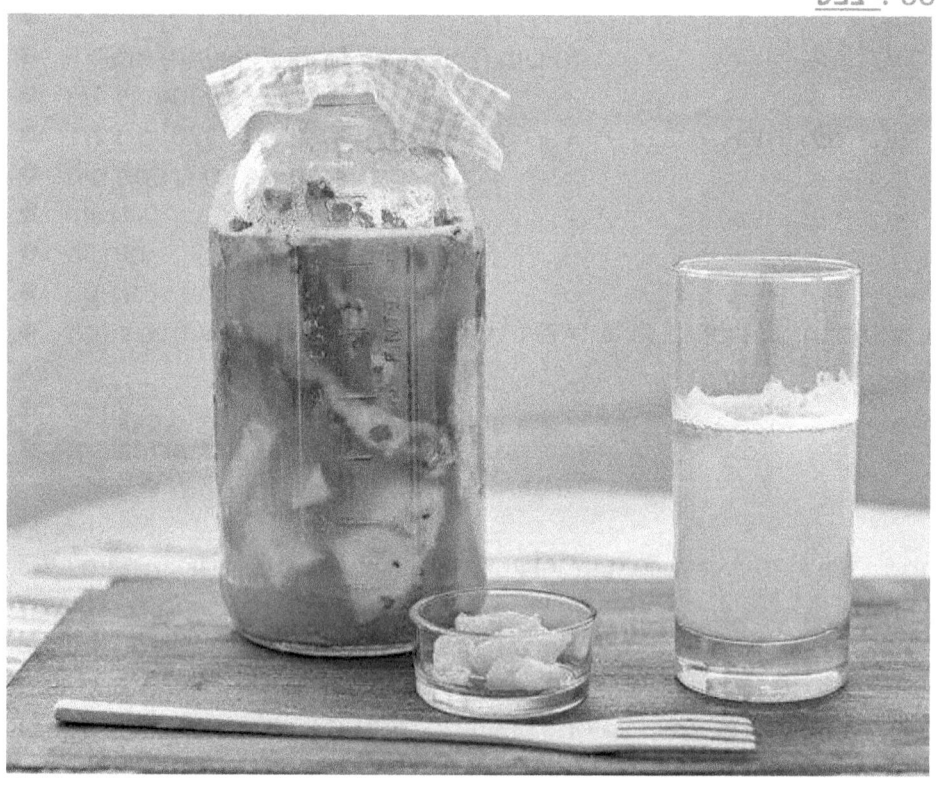

רכיבים:
- 2/1 אננס חתוך לקוביות (להשאיר את העור על.)
- 2/1 כוס (170 גרם) דבש כהה
- 4 כוסות (950 מ"ל) מים
- 2 ציפורן שלמות
- 2 תרמילי תמרהינדי
- 1 מקל קינמון
- סכין וקרש חיתוך
- נקי צנצנת זכוכית בנפח 2/1 ליטר (1.9 ליטר).
- כף עץ
- בד כותנה או מגבת
- מְסַנֶנֶת

הוראות:
a) שוטפים את האננס וחותכים לקוביות.

b) מערבבים את הדבש והמים בצנצנת 2/1 ליטר (1.9 ליטר) עד שהיא נמסה לחלוטין.

c) מוסיפים את נתחי האננס לצנצנת ומכסים בבד כותנה או במגבת. הניחו את הצנצנת בצד במקום קריר ויבש הרחק מאור שמש ישיר והניחו לה לתסוס במשך 3 עד 4 ימים. הוא יהפוך מעונן ויפתח קצף לבן לא מזיק שניתן להחליק ממנו.

d) מסננים את הטפצ'ה המוגמר לתוך קנקן ומקררים עד שהוא מתקרר היטב. מגישים על קרח. זה עדיף לצרוך בתוך כמה ימים של מתח.

מַשְׁקָאוֹת

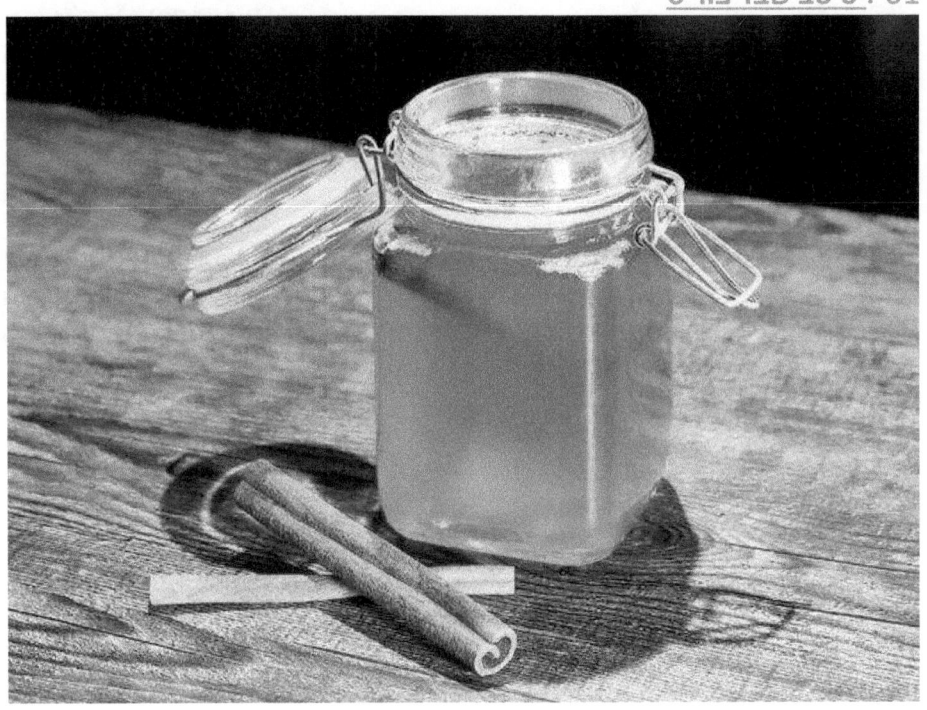

רכיבים:

- 1/2 כוס (170 גרם) דבש
- 1/2 כוס (120 מ"ל) מים
- סיר בינוני
- כף עץ

הוראות:

a) מחממים את הדבש והמים על אש בינונית עד שהדבש נמס לחלוטין והתערובת הומוגנית. לא להרתיח.

b) מניחים להתקרר לחלוטין לפני השימוש. ניתן לשמור במקרר עד שבועיים.

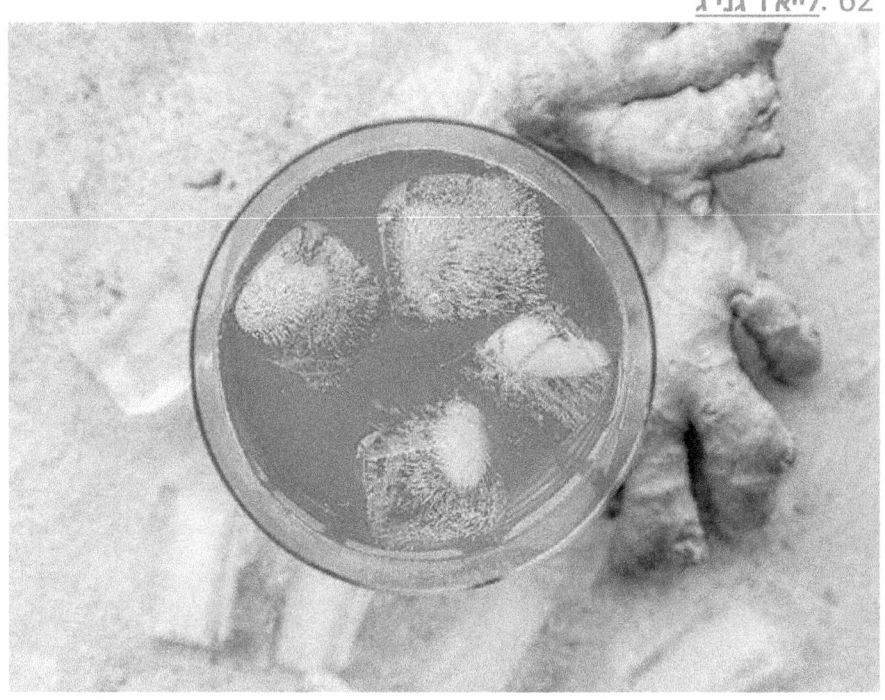

רכיבים:
- 2 כפות (28 מ"ל) סירופ פשוט דבש ג'ינג'ר חזק
- 6 אונקיות (175 מ"ל) מים מוגזים
- קרח
- טוויסט של קליפת ליים
- כוס קוקטייל
- מקל ערבוב קוקטייל

הוראות:
a) יוצקים את הסירופ והמים המבעבעים על הקרח.
b) מערבבים בעדינות לאיחוד.
c) מוסיפים את קליפת הליים ונהנים.

63. פיז מנדרין

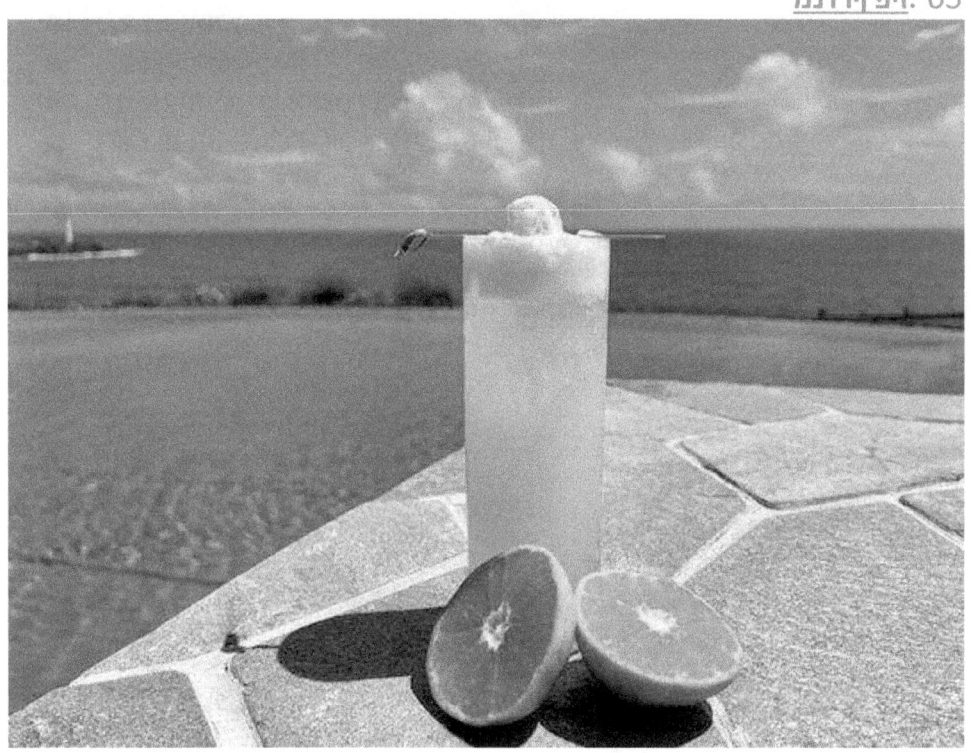

רכיבים:

- 2/1 כוס (120 מ"ל) מיץ מנדרינה או מנדרינה טרייה
- 2/1 כפית מיץ לימון
- 2 כפות (28 מ"ל) סירופ דבש בסיסי פשוט
- 2/1 כוס (120 מ"ל) מים מוגזים פטל
- קרח
- חופן פטל טרי לקישוט
- כוס קוקטייל
- מקל ערבוב קוקטייל

הוראות:

a) יוצקים את כל החומרים על הקרח.
b) מערבבים בעדינות לאיחוד.
c) מקשטים בפטל.

64. קוקטייל דבש מלפפון למון גראס

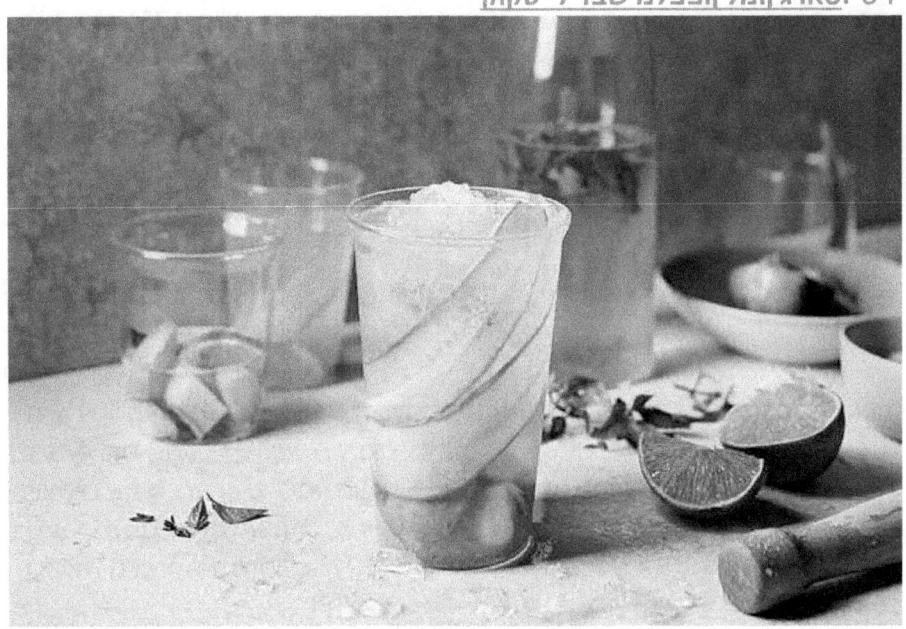

רכיבים:

● 4/3 כוס (175 מ"ל) מיץ מלפפון (בערך 225 גר' מלפפונים לא קלופים) וחנית מלפפון לקישוט
● 2 כפות (28 מ"ל) סירופ פשוט של דבש לימון
● זריקה אחת (1.5 אונקיות, או 42 מ"ל) של וודקה או ג'ין
● קרח
● מסחטה או בלנדר
● כוס קוקטייל
● מקל ערבוב קוקטייל

הוראות:

a) מיץ 2/1 פאונד (225 גרם) של מלפפונים (או יותר במידת הצורך) במסחטה כדי להניב 4/3 כוס (175 מ"ל) של מיץ מלפפונים.
b) יוצקים את סירופ דבש לימון פשוט, מיץ מלפפונים, וודקה או ג'ין על הקרח.
c) מערבבים בעדינות לאיחוד.
d) מקשטים בחנית מלפפון.

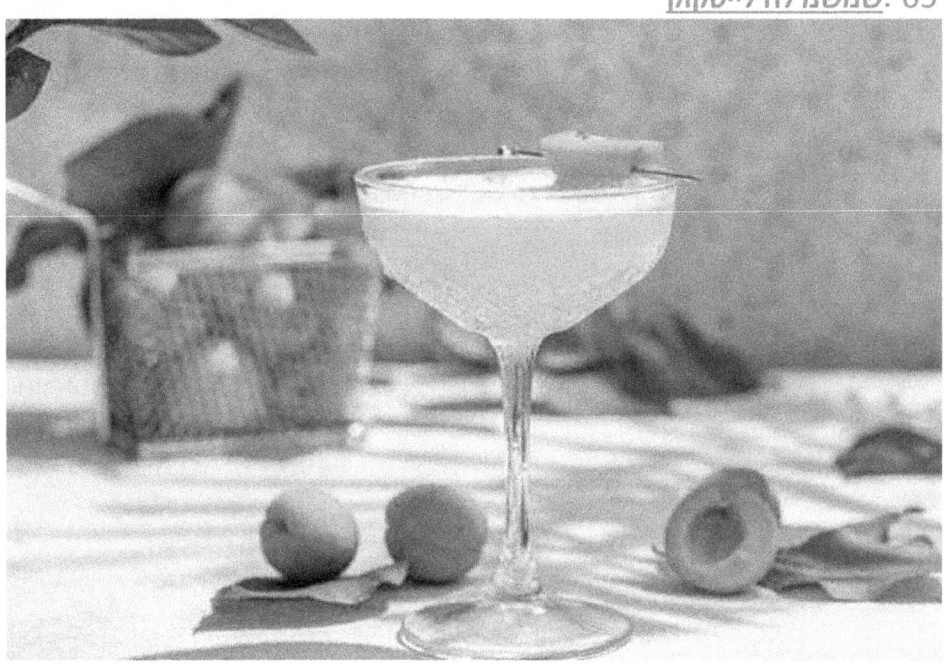

רכיבים:

- 3 אונקיות (90 מ"ל) צוף משמש
- 2 כפות (28 מ"ל) סירופ פשוט דבש הל
- 2/1 כף סירופ פשוט של דבש לבנדר
- נתז מיץ אשכוליות
- זריקה אחת (1.5 אונקיות, או 42 מ"ל) של ברנדי
- קרח
- כוס קוקטייל
- מקל ערבוב קוקטייל

הוראות:

a) יוצקים את כל החומרים על הקרח.
b) מערבבים בעדינות לאיחוד.

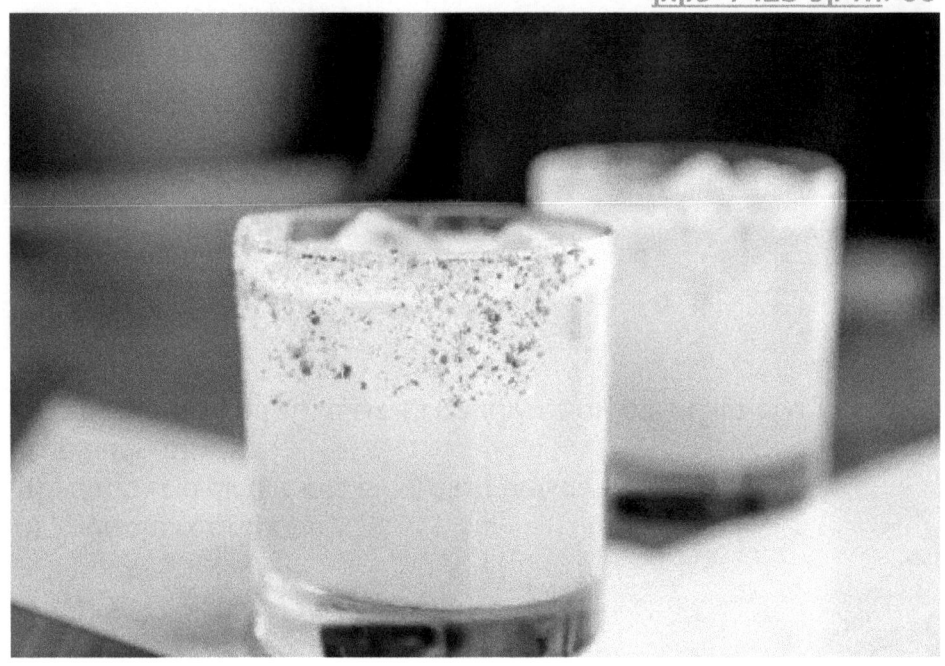

רכיבים:

- 2 אונקיות (60 מ"ל) טקילה
- 3 כפות (45 מ"ל) סירופ דבש בסיסי (או נסה וריאציה של סירופ דבש, כמו הל)
- 2/11 כפות (23 מ"ל) מיץ לימון טרי
- קרח
- 2 קורות של אנגוסטורה ביטר
- טוויסט קליפת לימון לקישוט
- שייקר קוקטיילים
- כוס קוקטייל

הוראות:

a) מוסיפים את הטקילה, סירופ הדבש ומיץ הלימון לשייקר עם קרח ומנערים עד שהם מתקררים.

b) מוזגים לכוס קוקטייל ומוסיפים 2 קורות מהביטר.

c) מקשטים בקליפת לימון.

67. תויאטיל שבד תוחור

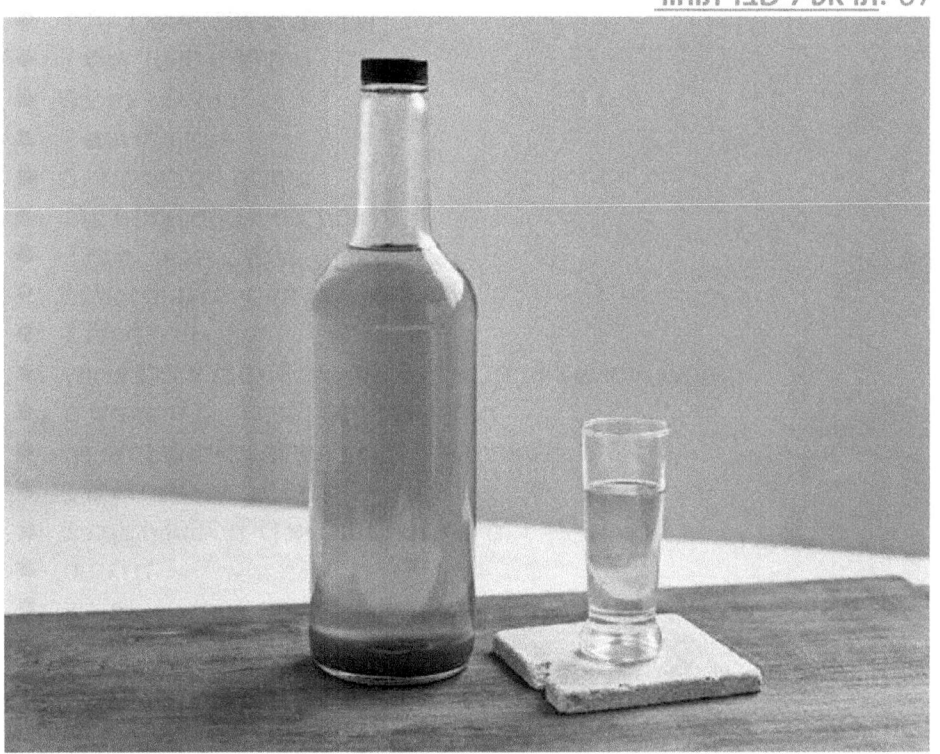

רכיבים:

- 4/21 כוסות (765 גרם) דבש
- 1 ליטר (950 מ"ל) מים
- 8 ציפורן שלמות
- 3 מקלות קינמון
- 10 תרמילי הל, סדוקים
- 2/1 אגוז מוסקט שלם, מפורק
- 5 פלפל אנגלי שלמים, מפוצצים
- 2/11 כפיות גרגירי פלפל שחור
- 1 כפית זרעי שומר
- שורש ג'ינג'ר בגודל 3 אינץ' (7.5 ס"מ), חתוך לפרוסות עבות
- גרידת תפוז 1, קליפה בלבד, ללא פיתות
- קליפת 2/1 לימון, קליפה בלבד, ללא פיתות
- 1 גרגיר וניל, מפוצל ומגורד
- 1 בקבוק (750 מ"ל) אלכוהול 190 דגנים
- סיר גדול
- כף עץ
- מְסַנֶּנֶת
- בקבוקים עם חלק עליון, מספיק להכיל 2 ליטר (1.9 ליטר)

הוראות:

a) הכינו מנה מיד לאחר קציר הדבש כדי שחלקם יהיו מוכנים לעונת מתן המתנות לחג.

b) 1. בסיר גדול מביאים את הדבש והמים לרתיחה. הסר כל קצף שעולה על פני השטח.

c) 2. מוסיפים את כל שאר המרכיבים מלבד אלכוהול הדגנים. מבשלים ללא מכסה במשך 30 דקות.

d) 3. מכבים את האש ומוסיפים את אלכוהול הדגנים לתערובת שעדיין חמה, תוך כדי ערבוב לאיחוד. מסננים את התערובת.

e) 4. יוצקים לבקבוקים נקיים וסטריליים ומניחים בצד לשבועיים לפחות, יותר אם אפשר.

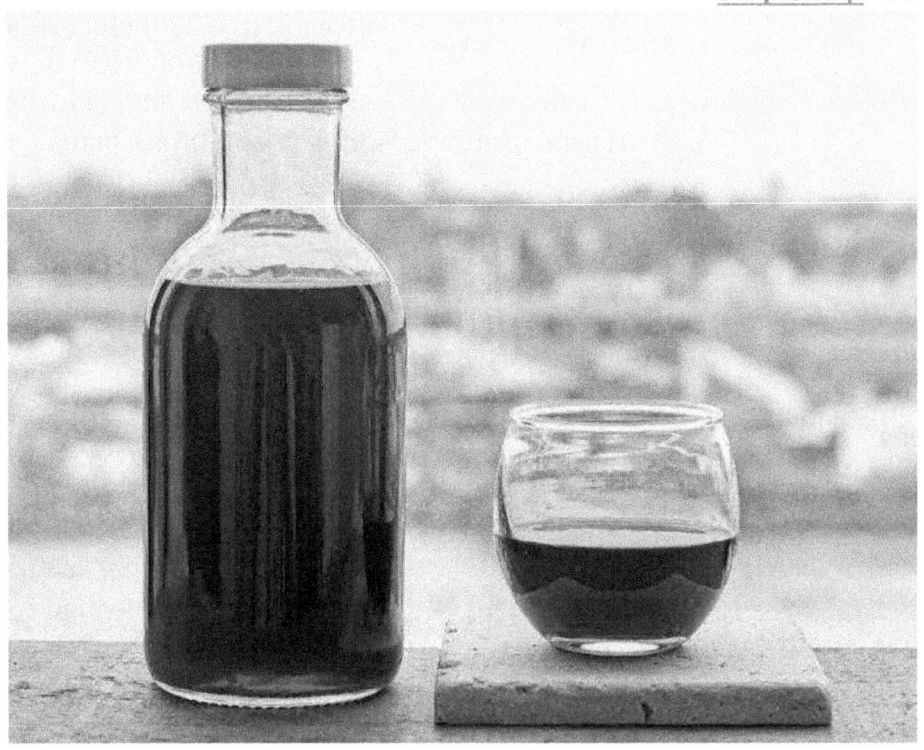

רכיבים:

- 2 כוסות (290 גרם) סמבוק טרי
- 3 כוסות (700 מ"ל) מים
- 1 כוס (340 גרם) דבש
- בקבוק אחד (750 מ"ל) אלכוהול טהור, וודקה או ברנדי
- סיר בינוני
- מועך תפוחי אדמה
- מְסַנֶּנֶת
- בקבוקים עם עליוניות, מספיק להכיל 1 ליטר (950 מ"ל)

הוראות:

f) 1. מניחים את הסמבוקים והמים בסיר. מרסקים את פירות היער עם מועך תפוחי אדמה כדי לשחרר את המיצים. מביאים לרתיחה ומניחים להתקרר.

g) 2. מערבבים פנימה את הדבש והאלכוהול.

h) 3. יוצקים לבקבוקים נקיים וסטריליים ומניחים להתיישנות של חודש לפחות.

69. רטסוב רפוס שבד םוכרוב

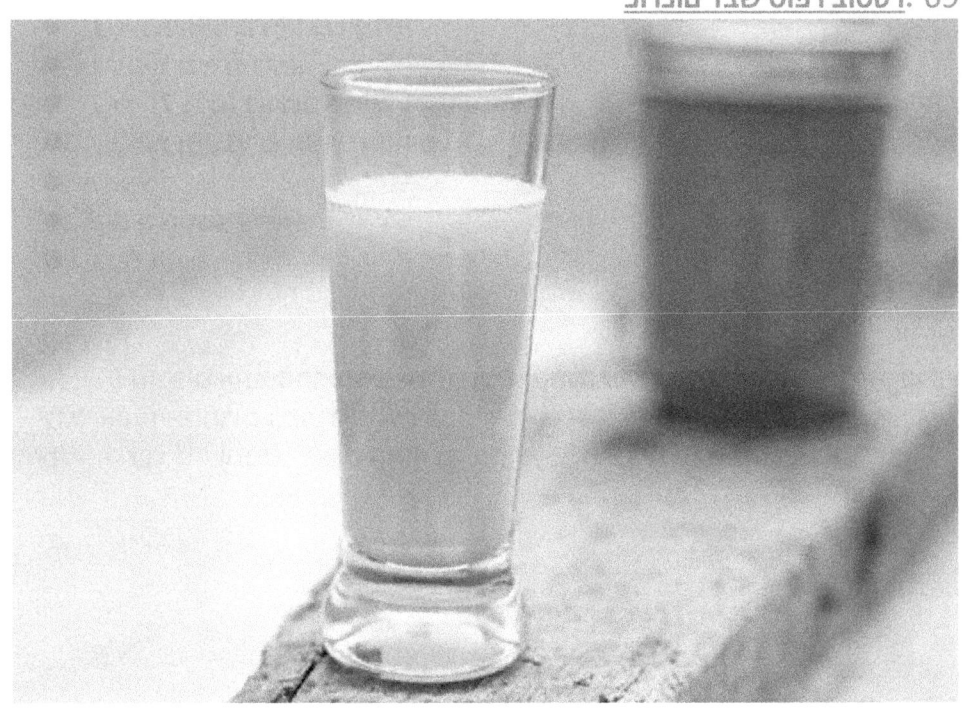

רכיבים::
- 4/1 כוס (85 גרם) דבש גולמי
- 1 כפית גרידת לימון
- 1 כף (7 גרם) כורכום טחון
- 2 כפות (28 מ"ל) חומץ תפוחים גולמי לא מסונן
- לְהַקְצִיף
- קערה קטנה
- בכלי אטום

הוראות:

a)	טורפים את כל החומרים יחד בקערה קטנה עד לקבלת תערובת חלקה. יוצקים לכלי אטום ושומרים במקרר עד שבוע.

b)	כדי להשתמש, פשוט הוסף כף אחת (15 מ"ל) למים חמים ושתה.

70.מרטיני חלת דבש

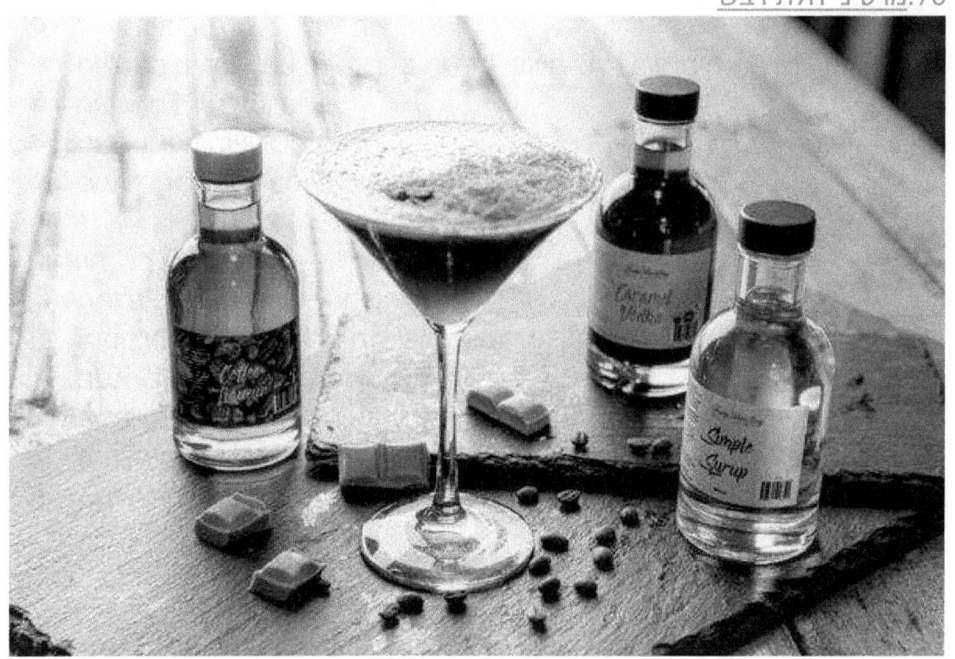

רכיבים:

- 2 אונקיות וודקה
- חצי גרם סירופ דבש (מערבבים חלקים שווים של דבש ומים חמים)
- חצי גרם מיץ לימון טרי
- חצי אונקיה משולשת שניות
- ממתק חלת דבש כתוש לקישוט

הוראות:

a) ממלאים שייקר קוקטיילים בקרח.
b) הוסף את הוודקה, סירופ הדבש, מיץ הלימון הטרי והטריפל שניות לשייקר.
c) מנערים היטב עד שהתערובת מתקררת.
d) מסננים את הקוקטייל לכוס מרטיני צוננת.
e) מקשטים את שפת הכוס בממתק חלת דבש כתוש.
f) הגישו את מרטיני חלת הדבש צונן ותהנו!

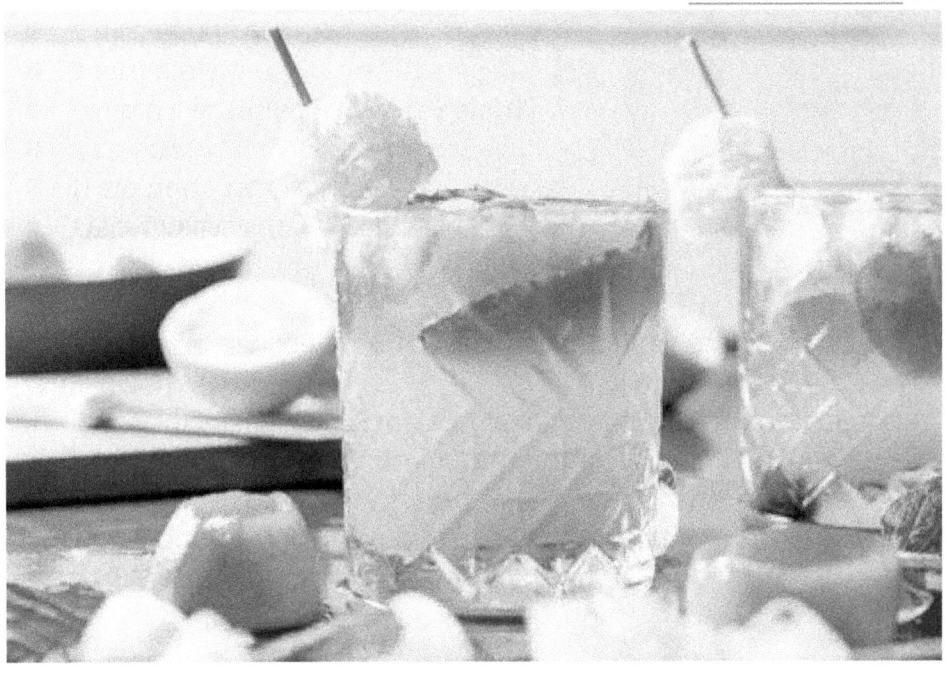

71.חלת דבש מרגריטה

רכיבים:
- 2 אונקיות טקילה
- 1 אונקיה מיץ ליים
- חצי גרם ליקר תפוזים (למשל, Triple Sec)
- 1 כף דבש
- ¼ כוס ממתק חלת דבש כתוש
- שברי ליים ודבש נוסף לשיפוע הכוס (לא חובה)

הוראות:
a) שופעים כוס מרגריטה בדבש (לא חובה) וטובלים אותה בממתק חלת דבש כתוש לציפוי השפה.

b) בשייקר מלא בקרח, מערבבים את הטקילה, מיץ הליים, ליקר התפוזים והדבש.

c) מנערים במרץ עד לקבלת תערובת אחידה ומתקררת.

d) מסננים את המרגריטה לתוך הכוס המוכנה המלאה בקרח.

e) מקשטים בפריזת ליים ונהנים ממרגריטה חלת הדבש.

72.מוקטייל טרופי חלת דבש

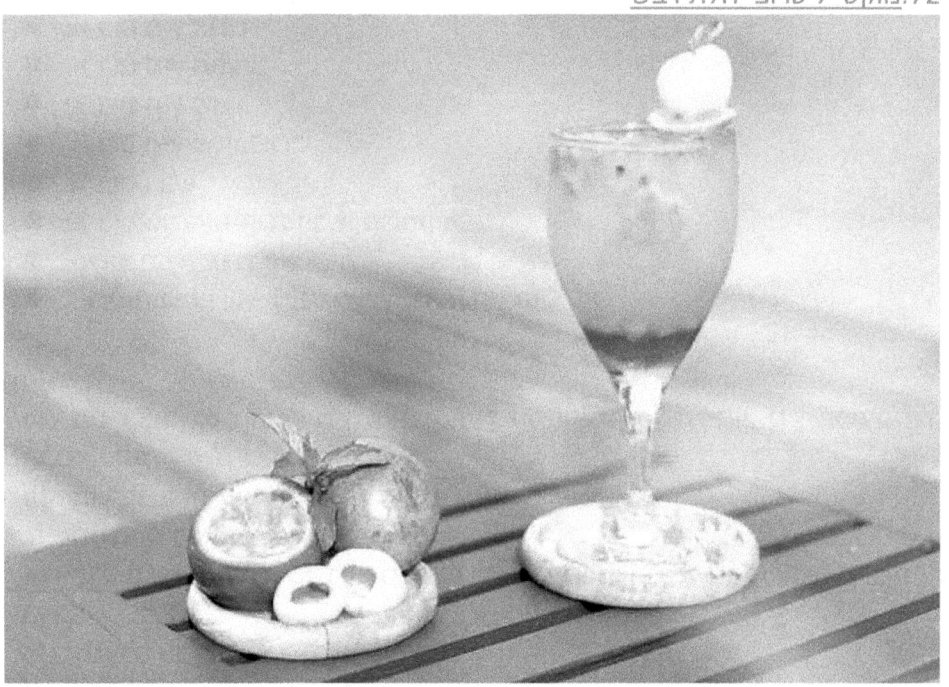

רכיבים:

- ½ כוס מיץ אננס
- ½ כוס מיץ תפוזים
- ¼ כוס מיץ לימון
- ¼ כוס מיץ פסיפלורה
- ¼ כוס דבש
- ¼ כוס סוכריות חלת דבש, מרוסקות
- קלאב סודה או מים מוגזים
- פרוסות לימון ועלי נענע לקישוט (לא חובה)

הוראות:

a) מערבבים בקנקן את מיץ האננס, מיץ התפוזים, מיץ הלימון, מיץ הפסיפלורה, הדבש וממתק חלת דבש כתוש.

b) מערבבים עד שממתק חלת הדבש נמס.

c) ממלאים כוסות בקוביות קרח.

d) יוצקים את תערובת סוכריות חלת הדבש על הקרח, ממלאים כל כוס בערך באמצע הדרך.

e) למעלה עם סודה קלאב או מים מוגזים.

f) מקשטים בפלחי לימון ועלי נענע אם רוצים.

g) הגישו ותיהנו מקוקטייל ממתק חלת הדבש המרענן והתוסס הזה.

162

73.ממתק חלת דבש מיושן

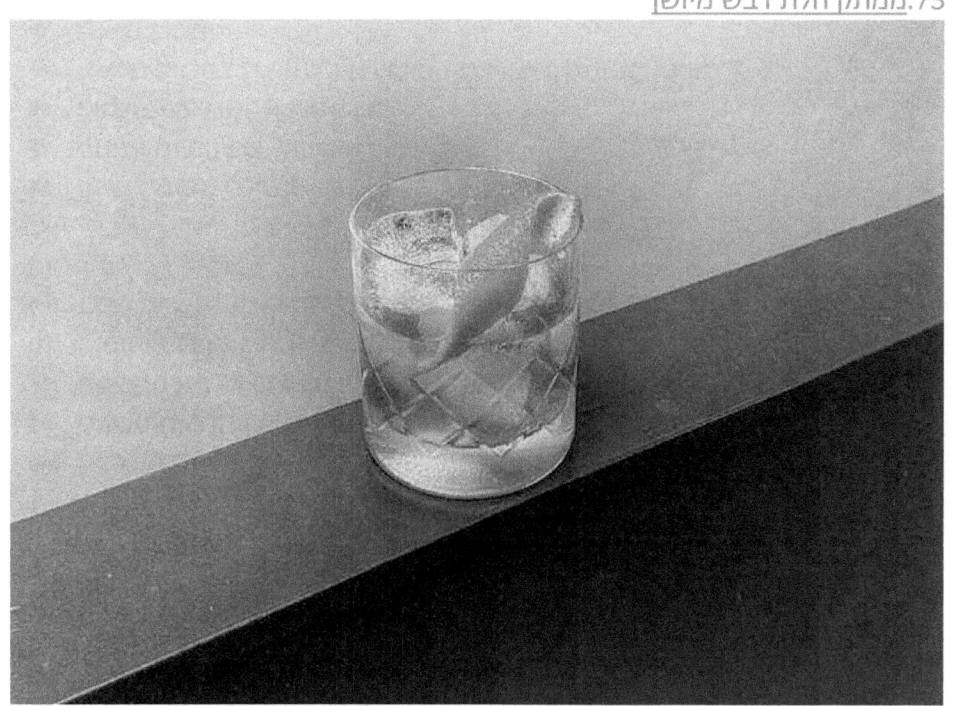

רכיבים:

- 2 גרם בורבון
- ½ גרם סירופ דבש (חלקים שווים דבש ומים, מחומם ומקורר)
- קורטוב של ביטר אנגוסטורה
- ממתק חלת דבש, לקישוט
- קליפת תפוז, לקישוט

הוראות:

a) בכוס מיושן, ערבבו חתיכה קטנה של ממתק חלת דבש וסירופ דבש.
b) מוסיפים לכוס בורבון וביטר ומערבבים בעדינות.
c) ממלאים את הכוס בקוביות קרח.
d) מקשטים בחתיכת ממתק חלת דבש וטוויסט של קליפת תפוז.
e) תיהנו מממתק חלת דבש עשיר וטעים מקוקטייל ישן פאשן.

74.מוקטייל מוחיטו ממתק חלת דבש

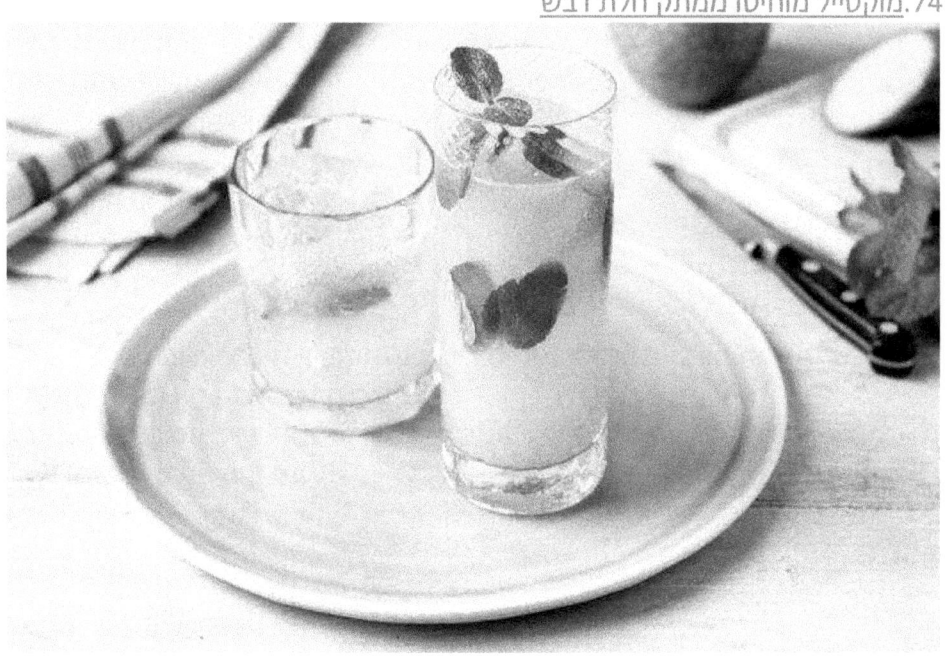

רכיבים:
- ½ ליים חתוך לקוביות
- 10 עלי נענע טריים
- 2 כפות סירופ סוכריות חלת דבש
- קלאב סודה
- קרח מרוסק
- ענף נענע, לקישוט

הוראות:
a) בכוס, מערבבים את שברי הליים, עלי הנענע וסירופ סוכריות חלת הדבש.
b) ממלאים את הכוס בקרח כתוש.
c) מעל עם סודה קלאב ומערבבים בעדינות.
d) מקשטים עם ענף נענע.

75.אגרוף סוכריות חלת דבש

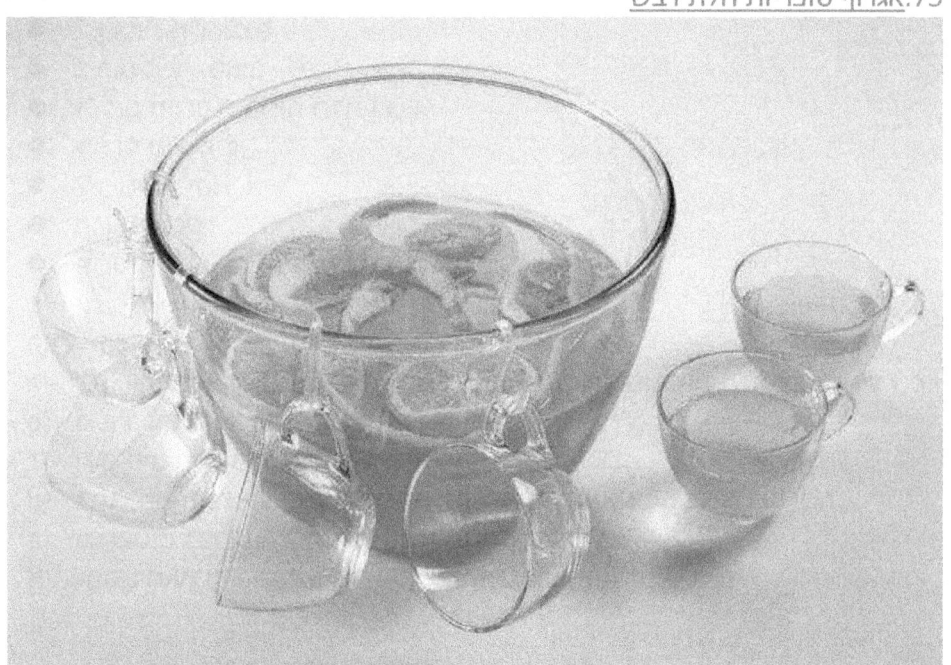

רכיבים:

● 2 כוסות מיץ אננס
● 1 כוס מיץ תפוזים
● ½ כוס סירופ סוכריות חלת דבש
● ¼ כוס מיץ לימון
● 2 כוסות ג'ינג'ר אייל
● קרח מרוסק
● פרוסות לימון וממתק חלת דבש, לקישוט

הוראות:

a) בקערת פונץ', שלבו מיץ אננס, מיץ תפוזים, סירופ סוכריות חלת דבש ומיץ לימון.
b) מערבבים היטב כדי לערבב את הטעמים.
c) מוסיפים קרח כתוש לקערת הפאנץ'.
d) רגע לפני ההגשה, יוצקים פנימה את הג'ינג'ר אייל ומערבבים בעדינות.
e) מקשטים בפרוסות לימון וחתיכות ממתק חלת דבש.
f) תיהנו מאגרוף הממתקים הפירותי והמבעבע הזה.

76.דגני חלת דבש לבן רוסי

רכיבים:

- 1 גרם וודקה
- 1 גרם ליקר קפה
- 1 גרם שמנת או חלב
- 1 כף דגני בוקר חלת דבש
- ממתק חלת דבש, לקישוט

הוראות:

a) בבוס משלבים וודקה, ליקר קפה ושמנת.
b) מערבבים היטב לערבוב.
c) הוסיפו דגני בוקר ותנו לו להיספג בתערובת לכמה דקות.
d) ממלאים את הכוס בקוביות קרח.
e) מקשטים בחתיכת ממתק חלת דבש.
f) תיהנו מדגני היערת הדבש הקרמי והפריך הזה, רוסית לבנה.

77.שפריצר ממתק חלת דבש

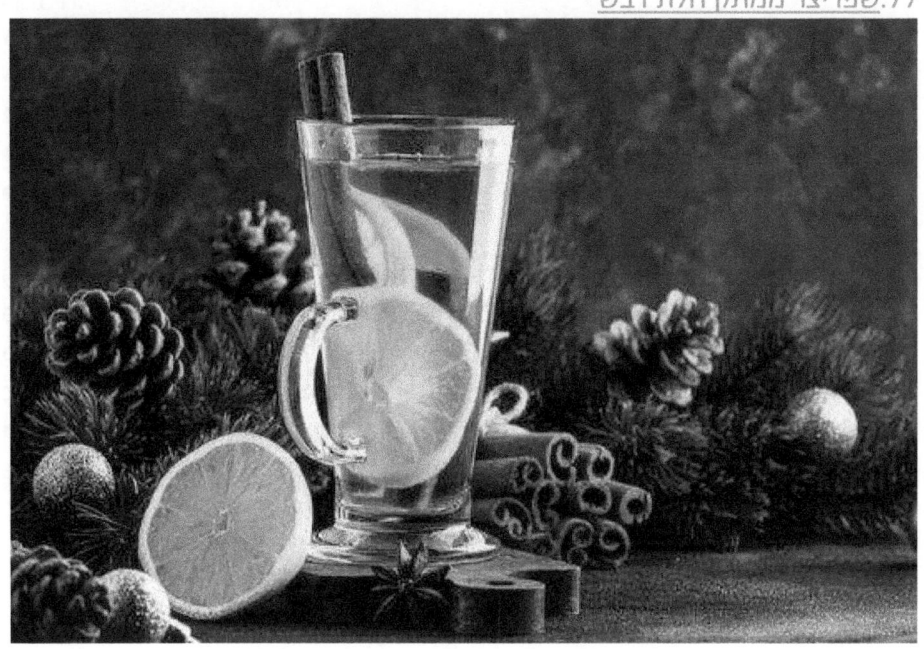

רכיבים:

- ½ כוס מים מוגזים
- ½ כוס סודה לימון-ליים
- 2 כפות סירופ סוכריות חלת דבש
- קרח מרוסק
- פרוסות לימון ועלי נענע, לקישוט

הוראות:

a) בכוס, שלבו מים מוגזים, סודה לימון-ליים וסירופ סוכריות חלת דבש.
b) מערבבים בעדינות כדי לערבב את הטעמים.
c) ממלאים את הכוס בקרח כתוש.
d) מקשטים בפלחי לימון ועלי נענע.
e) תיהנו מקוקטייל ממתקי שפריצר התוסס והמרענן הזה.

78.וויסקי סמאש חלת דבש

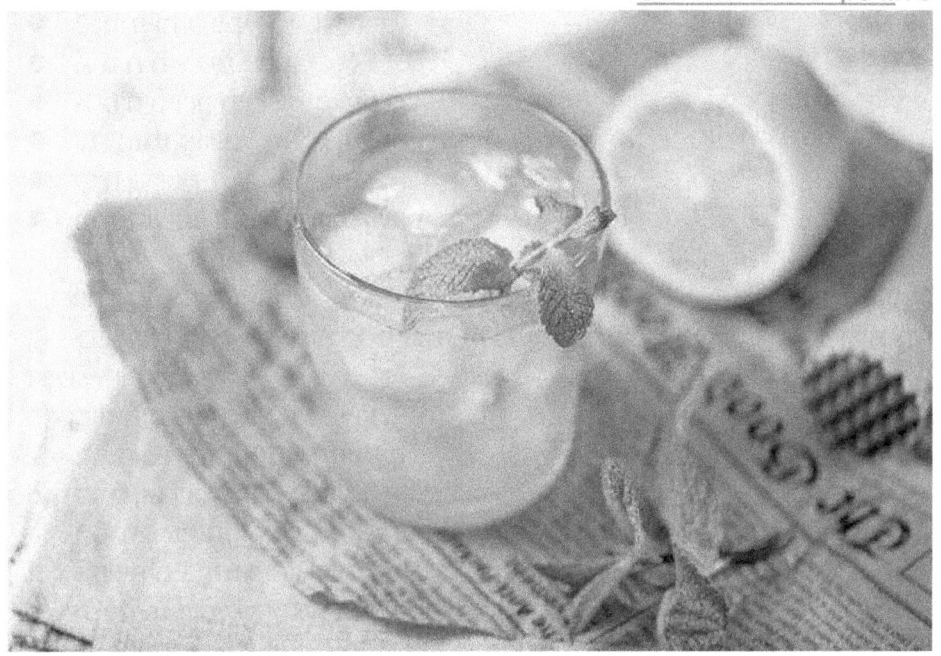

רכיבים:

- 2 אונקיות וויסקי
- ½ גרם מיץ לימון
- ½ גרם סירופ סוכריות חלת דבש
- עלי נענע טריים
- קרח מרוסק
- פרוסת לימון וענף נענע, לקישוט

הוראות:

a) בשייקר קוקטיילים, מערבבים כמה עלי נענע עם מיץ לימון וסירופ סוכריות חלת דבש.

b) מוסיפים וויסקי וקרח לשייקר.

c) מנערים היטב לאיחוד הטעמים.

d) ממלאים כוס בקרח כתוש.

e) מסננים את הקוקטייל לתוך הכוס.

f) מקשטים בפלח לימון וענף נענע.

g) תיהנו מהוויסקי העשבוני והמתוק הזה.

79.ממתק חלת דבש פינה קולדה

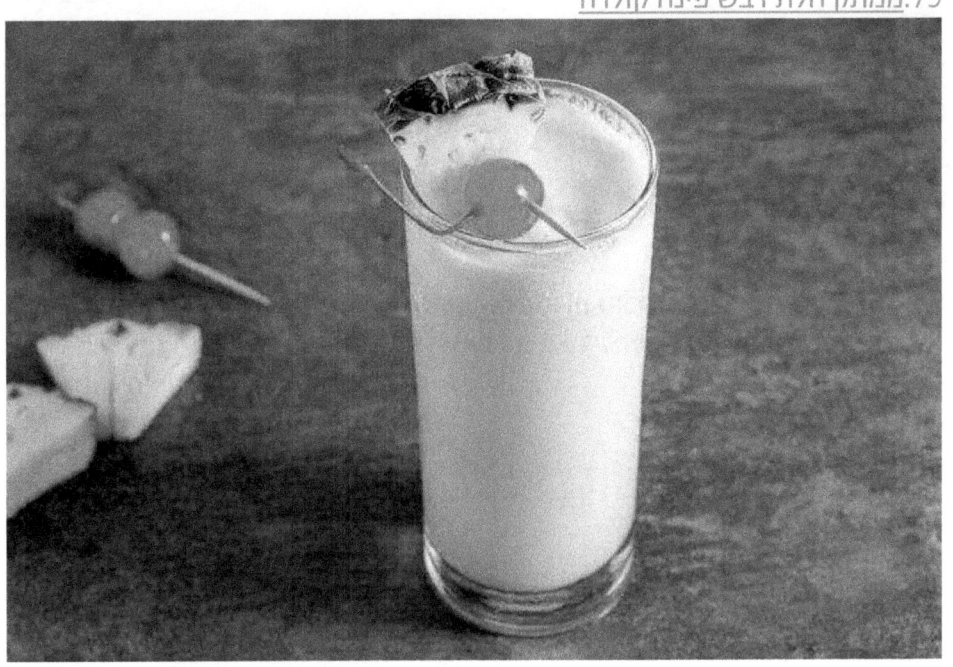

רכיבים:
- 1 כוס מיץ אננס
- ½ כוס חלב קוקוס
- ¼ כוס סירופ סוכריות חלת דבש
- קרח מרוסק
- טריז אננס, ודובדבנים לקישוט

הוראות:

a) מערבבים בבלנדר מיץ אננס, חלב קוקוס וסירופ סוכריות חלת דבש.

b) מוסיפים חופן קרח כתוש לבלנדר ומערבבים עד לקבלת תערובת חלקה.

c) מוזגים את המוקטייל לכוס.

d) מקשטים בפריזת אננס ודובדבנים.

עבשומ שבד

80. דבש ספוג לימון

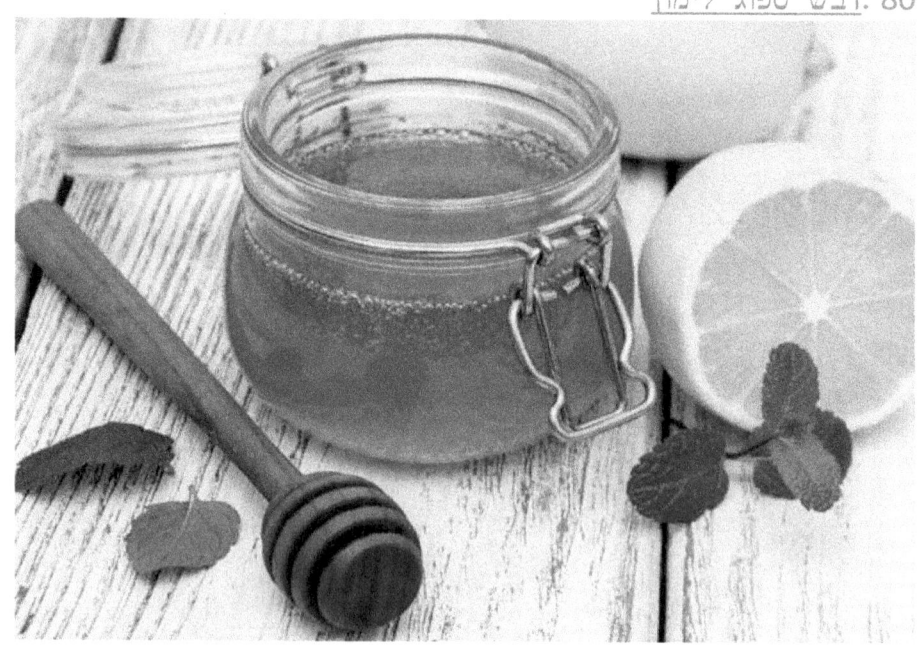

רכיבים:
- ● 1 כוס דבש
- ● 1 כף גרידת לימון מגוררת
- ● 2 פרוסות לימון טרי

הוראות:

a) השתמש ברטבים, מרינדות, משקאות, ממתקים ומוצרי מאפה.

b) לחליטות מוכנות לשימוש מיידי, השתמשו במיץ וגם בגרידה.

81. דבש חדורי תפוזים

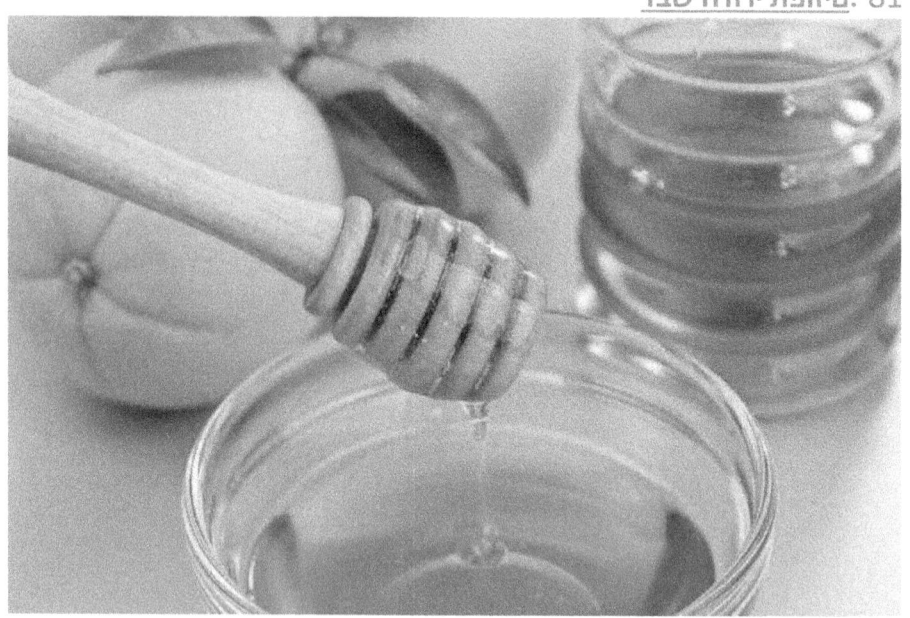

רכיבים:
- גרידת 4 תפוזים אורגניים
- ¾ כוס דבש

הוראות:

a) הכניסו את גרידת התפוז לצנצנת ריקה.

b) יוצקים פנימה את הדבש הגולמי ומבטיחים שכל המרכיבים שקועים לחלוטין.

c) סגור את המכסה היטב ואפשר לו לעמוד בשמש.

d) הופכים את הצנצנת לפחות פעם ביום.

e) אפשר לתערובת זו להחדיר לפחות שבוע או עד 3-4 שבועות.

f) מסננים ומאחסנים באזור קריר וחשוך כדי לשמור על טריותו.

g) זוהי תוספת נהדרת לעוגות ומאפינס או שהיא טעימה בחישה לתוך יוגורט או גבינת קוטג'.

82 .דבש מושבע בחמאת לימון

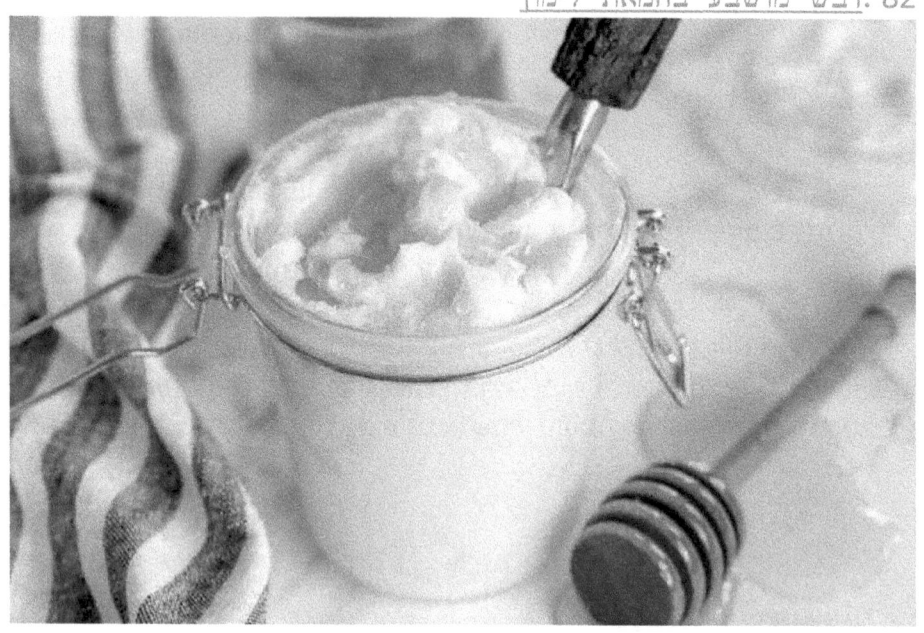

רכיבים:
- ¾ כוס דבש
- 3 כפות חמאה
- 1 כפית מיץ לימון
- ¼ כפית וניל

הוראות:

a) .האמחו שבד םיממחמ
b) .לינוו ןומיל ץימ םיפיסומו םיננצמ
c) .לפוו וא קייקנפ םע םישיגמ

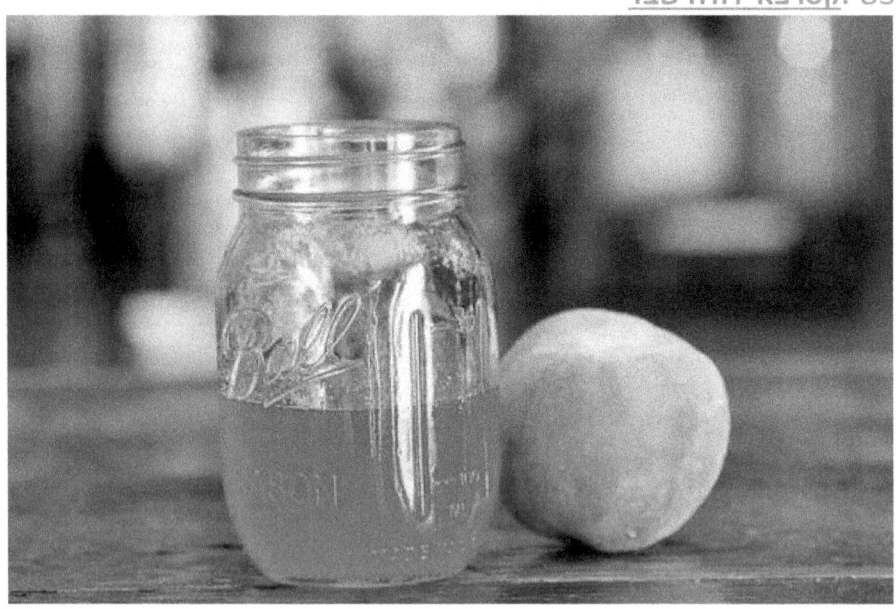

רכיבים:
- 1 קיל אפרסקים טריים, קלופים, מגולענים ופרוסים, או אפרסקים שבישים
- 3 כפות דבש
- 1 כפית מיץ לימון וסחוט טרי

הוראות:

(a) יוצקים. מערבבים את כל החומרים בעמדב מזג לשמד דקות 3 לקבלת מחית חלקה. יערבבו לחיץ.

(b) דבש אפרסק יכול להישמר במקרר למשד שבוע עד שבועיים.

185

84. דבש ספוג אגסים ותפוחים

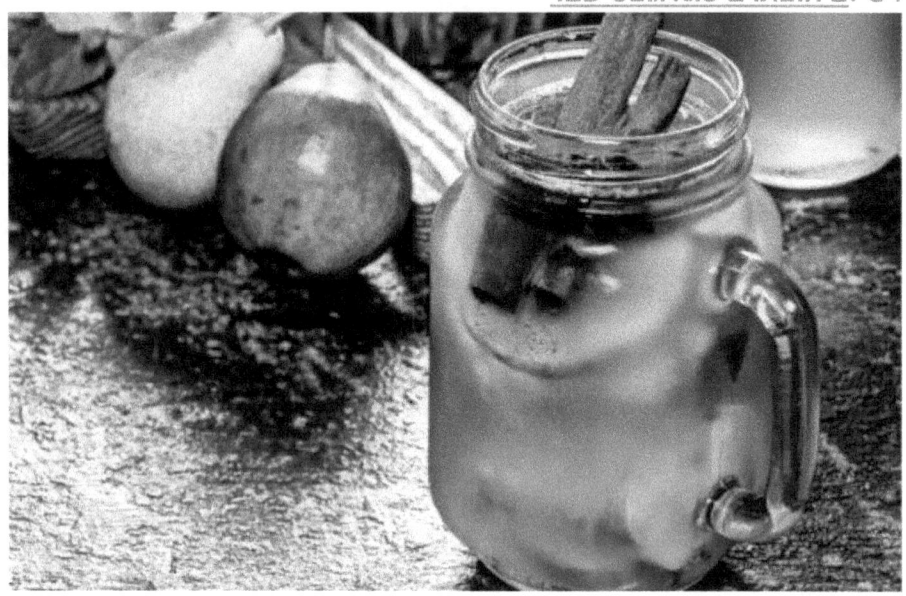

רכיבים:

- 6 אגסים ,קלופים ובעלי ליבה
- 2 תפוחים ,קלופים ובעלי ליבה
- זופת 1 לש הפילקה
- 1½ קיל וסוכר

הוראות:

(a)‏ טוחנים אגסים, תפוחים ותוזומים.
(b)‏ מוסיפים סוכר ומבשלים 20 דקות תוך ערבוב תכוף.
(c)‏ מוסיפים קליפת זופת מגורדת. מבשלים עד לסמיכות.

187

85. דבש ספוג אשבולית ורודה

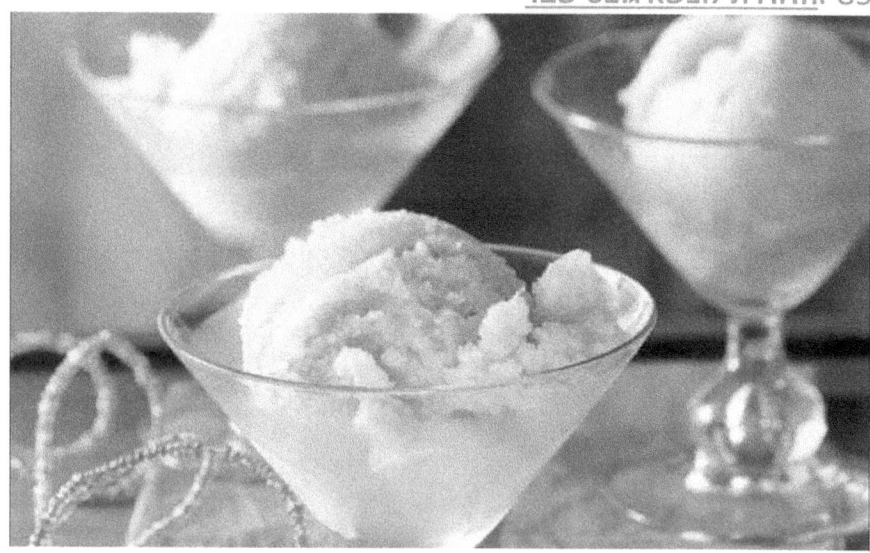

רביבים:

- חצי ליטר מים אשכוליות ורו או אדום אודם
- 2 כפות בשד
- ½ כוס טריפל סק ליקיר

הוראות:

(a) שלב ומים צ׳ים, שבד וקילר.
(b) רבקל.
(c) מגישים כקוניח.

86. שובח גופס שבד

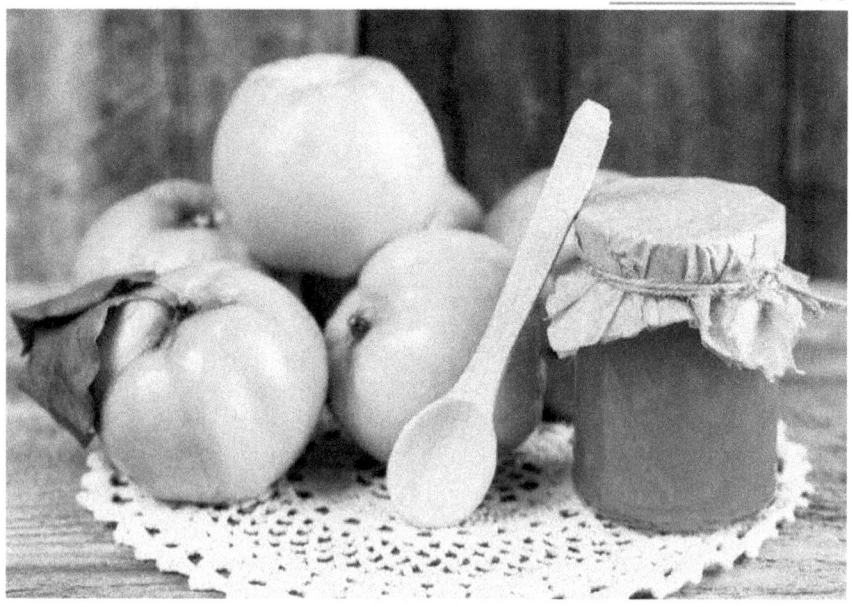

רכיבים:

- 3 בחושים גדולים
- 1 תפוח גדול
- 1 ליטר מים

הוראות:

(a) טוחנים או מגררים בחוש ותפוח.

(b) שמים מים על הפירות ומרתיחים 20 דקות.

(c) עקב וההוראות אחר שעה אריזת הפקטין לקבלת הוראות סוכר רכוס ביושול.

87. דבש קינמון-תפוח

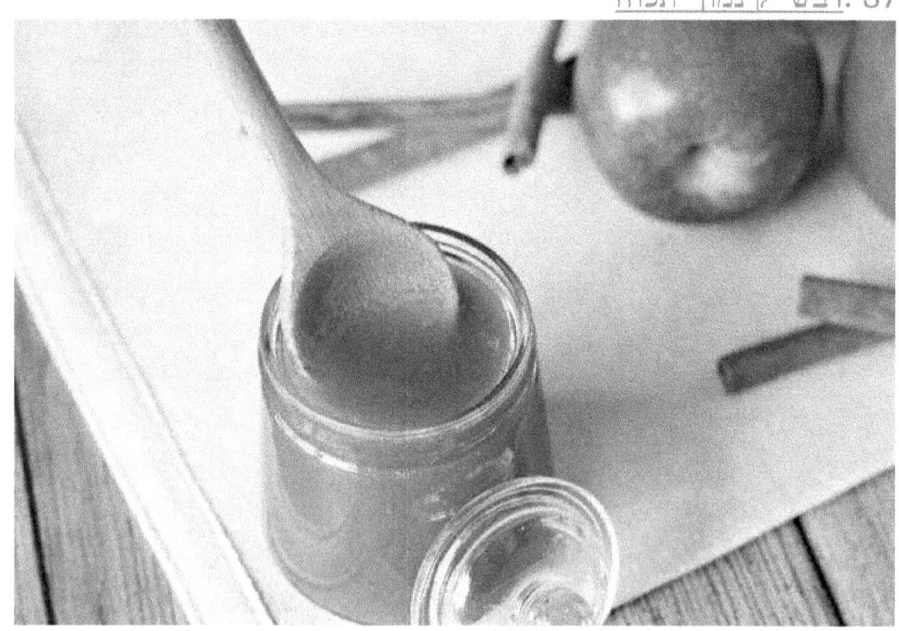

רכיבים:
- 1 ליטר סיידר תפוחים מתוק
- 8 כוסות תפוחי בישול מגולפים, מגורעים ורבעים
- 1 לימון, קלוף, פרוס וזרעים
- 1 כוס דבש
- ½ כוס סוכר חום ארוז
- 1 כף קינמון טחון

הוראות:

a) מחממים סיידר לרתיחה בתנור הולנדי ללא כיסוי למשך כ-15 דקות.

b) מוסיפים תפוחים ולימון. מחממים לרתיחה; להפחית את החום.

c) מבשלים ללא מכסה כשעה, תוך ערבוב מדי פעם עד שהתפוחים רכים מאוד.

d) מערבבים דבש, וקינמון.

e) מחממים לרתיחה; להפחית את החום.

f) מבשלים ללא מכסה כשעה וחצי, תוך ערבוב מדי פעם עד שלא נפרדים מהעיסה.

g) יוצקים מיד את התערובת לצנצנות חמות ומעוקרות, ומשאירים רווח של ¼ אינץ'.

h) נגב שולי צנצנות; חותם. מצננים על רשת למשך שעה.

i) שומרים במקרר עד חודשיים.

88. דבש ספוג סמבוק

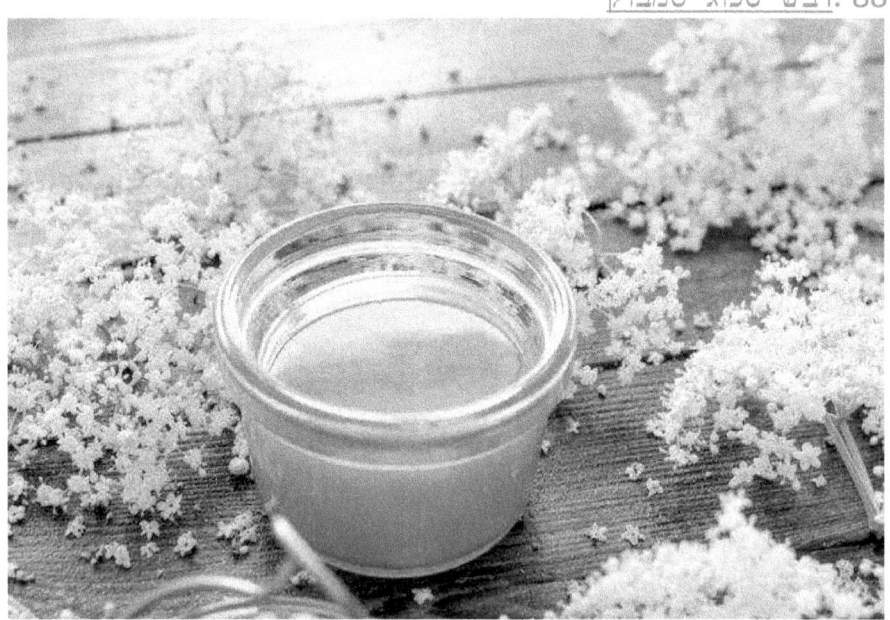

רכיבים:
- ¼ כוס פרח סמבוק (מיובש או טרי - אורגני)
- 1 כוס דבש גולמי מקומי (נזל)

הוראות:

(a) הוסף את החומרים היבשים שלך לצנצנת שלך
(b) מכסים לגמרי בדבש
(c) חותם העליון
(d) תן לדבש לשבת ולהחדיר במשך חודש, יותר אם תרצה
(e) מתח
(f) החזר דבש מסונן לצנצנת ומתנה או השתמש כרצונך!

89. דבש ספוג לילך

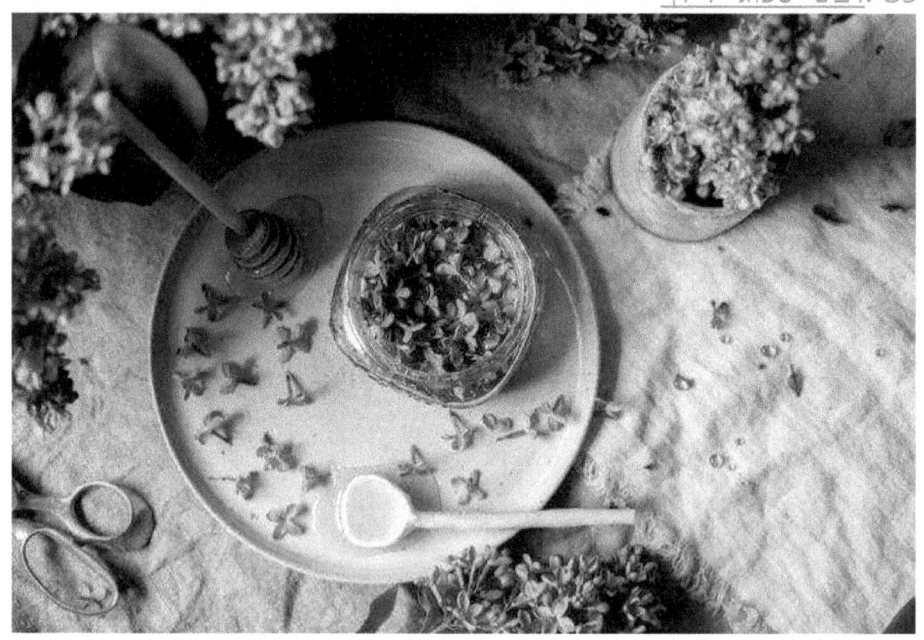

רכיבים:
- ¼ כוס לילך (מיובש או טרי - אורגני)
- 1 כוס דבש גולמי מקומי (נזל)

הוראות:

a) הוסף את החומרים היבשים שלך לצנצנת שלך
b) מכסים לגמרי בדבש
c) חותם העליון
d) תן לדבש לשבת ולהחדיר במשך חודש, יותר אם תרצה
e) מתח
f) החזר דבש מסונן לצנצנת ומתנה או השתמש כרצונך!

90. יסמין השרתה דבש

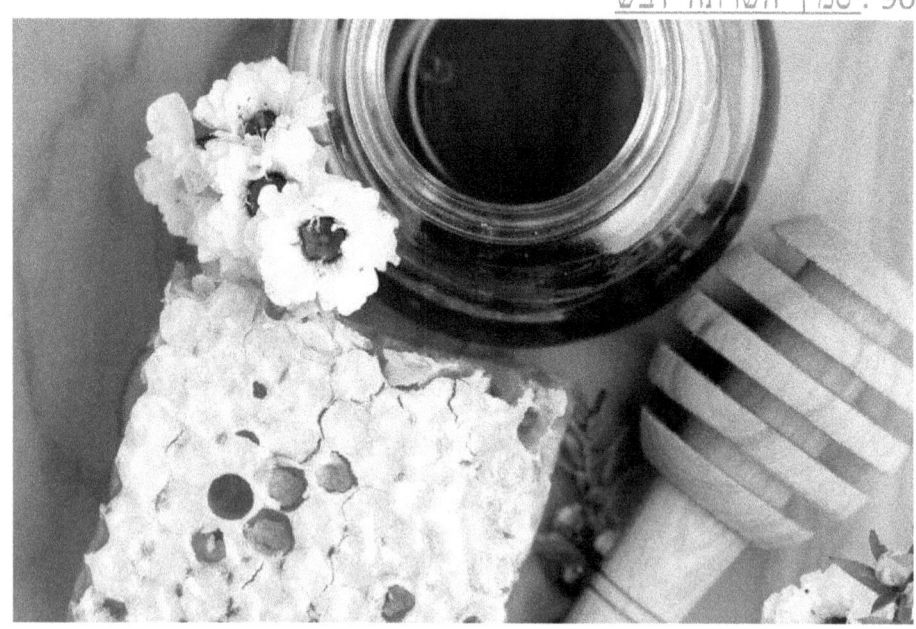

רכיבים:

- ¼ כוס יסמין (מיובשת או טריה - אורגנית)
- 1 כוס דבש גולמי מקומי (נזל)

הוראות:

a) הוסף את החומרים היבשים שלך לצנצנת שלך

b) מכסים לגמרי בדבש

c) חותם העליון

d) תן לדבש לשבת ולהחדיר במשך חודש, יותר אם תרצה

e) מתח

f) החזר דבש מסונן לצנצנת ומתנה או השתמש כרצונך!

רכיבים:

- 1 כוס דבש
- 10-5 עלי טולסי
- דבש חדורי עלי ורדים

הוראות:

a) הכניסו את עלי הטולסי לצנצנת ריקה.
b) יוצקים פנימה את הדבש המושרה בורדים ומבטיחים שכל המרכיבים שקועים לחלוטין.
c) סגור את המכסה היטב ואפשר לו לעמוד בשמש.
d) הופכים את הצנצנת לפחות פעם ביום.
e) אפשר לתערובת זו להחדיר לפחות שבוע או עד 3-4 שבועות.
f) מסננים ומאחסנים באזור קריר וחשוך כדי לשמור על טריותו.

92. דבש מושבע בקינמון

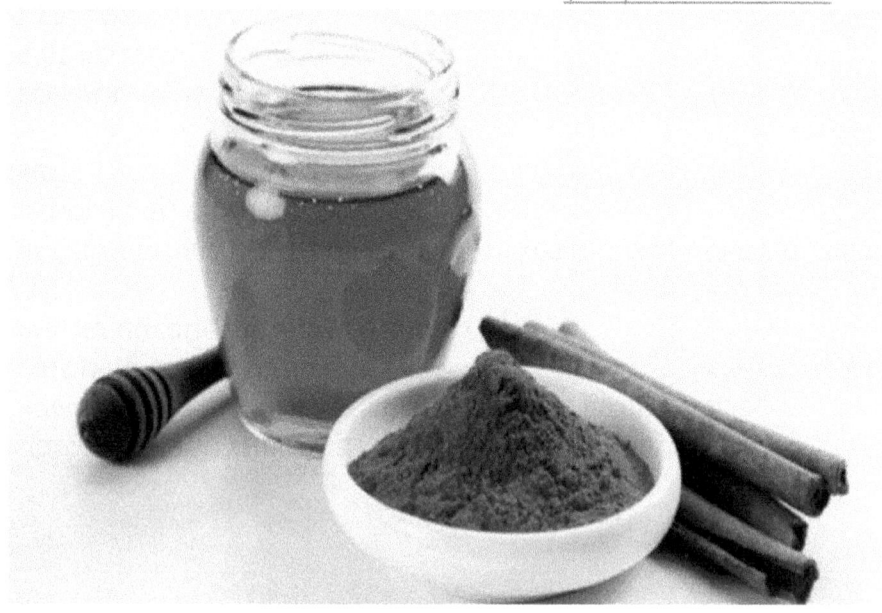

רכיבים:
● 1 כוס דבש
● 5 מקלות קינמון
● 1 קורט אבקת קינמון

הוראות:
a) הכניסו את הקינמון לצנצנת ריקה.
b) יוצקים פנימה את הדבש הגולמי ומבטיחים שכל המרכיבים שקועים לחלוטין.
c) סגור את המכסה היטב ואפשר לו לעמוד בשמש.
d) הופכים את הצנצנת לפחות פעם ביום.
e) אפשר לתערובת זו להחדיר לפחות שבוע או עד 3-4 שבועות.
f) מסננים ומאחסנים באזור קריר וחשוך כדי לשמור על טריותו.

93. דבש חדורי ג'ינג'ר

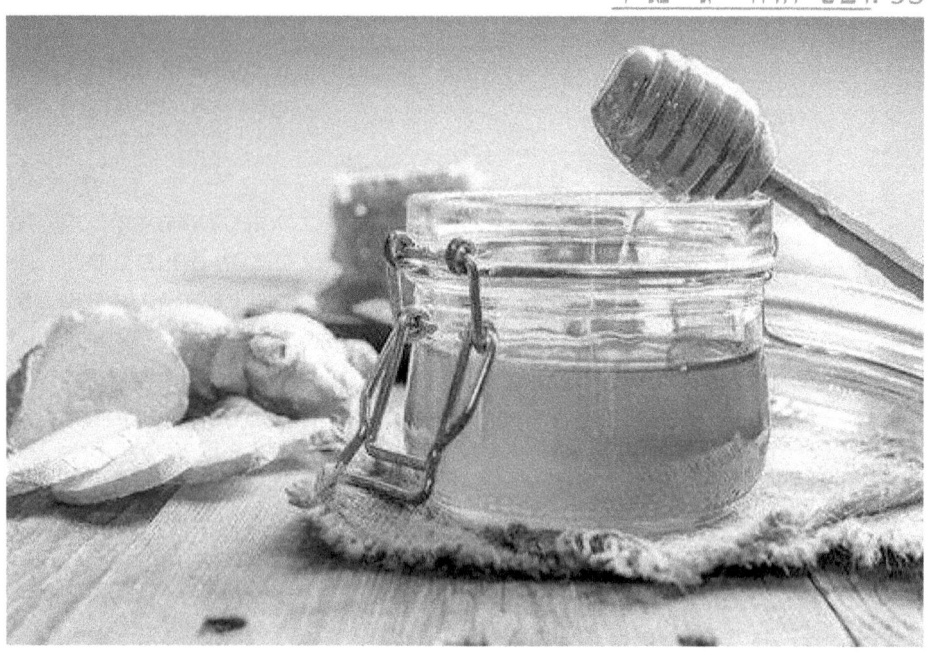

רכיבים:
- 1 כוס דבש
- 1 כפית ג'ינג'ר קצוץ דק
- 1 קורט אבקת ג'ינג'ר

הוראות:

a) הכניסו את הג'ינג'ר לצנצנת ריקה.

b) יוצקים פנימה את הדבש הגולמי ומבטיחים שכל המרכיבים שקועים לחלוטין.

c) סגור את המכסה היטב ואפשר לו לעמוד בשמש.

d) הופכים את הצנצנת לפחות פעם ביום.

e) אפשר לתערובת זו להחדיר לפחות שבוע או עד 3-4 שבועות.

f) מסננים ומאחסנים באזור קריר וחשוך כדי לשמור על טריותו.

g) חליטה זו טעימה במרינדות למוקפצים עוף וירקות.

94. דבש ספוג וניל

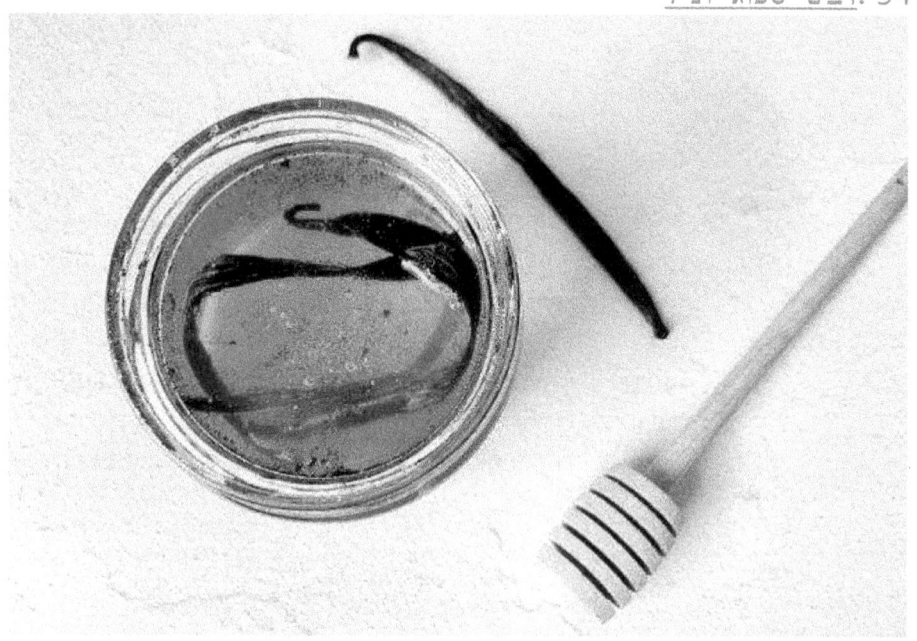

רכיבים:

- 1 כוס דבש
- 1 פולי וניל
- ½ כפית תמצית וניל

הוראות:

a) הכניסו את פולי הווניל והתמצית לצנצנת ריקה.
b) יוצקים פנימה את הדבש הגולמי ומבטיחים שכל המרכיבים שקועים לחלוטין.
c) סגור את המכסה היטב ואפשר לו לעמוד בשמש.
d) הופכים את הצנצנת לפחות פעם ביום.
e) אפשר לתערובת זו להחדיר לפחות שבוע או עד 3-4 שבועות.
f) מסננים ומאחסנים באזור קריר וחשוך כדי לשמור על טריותו.

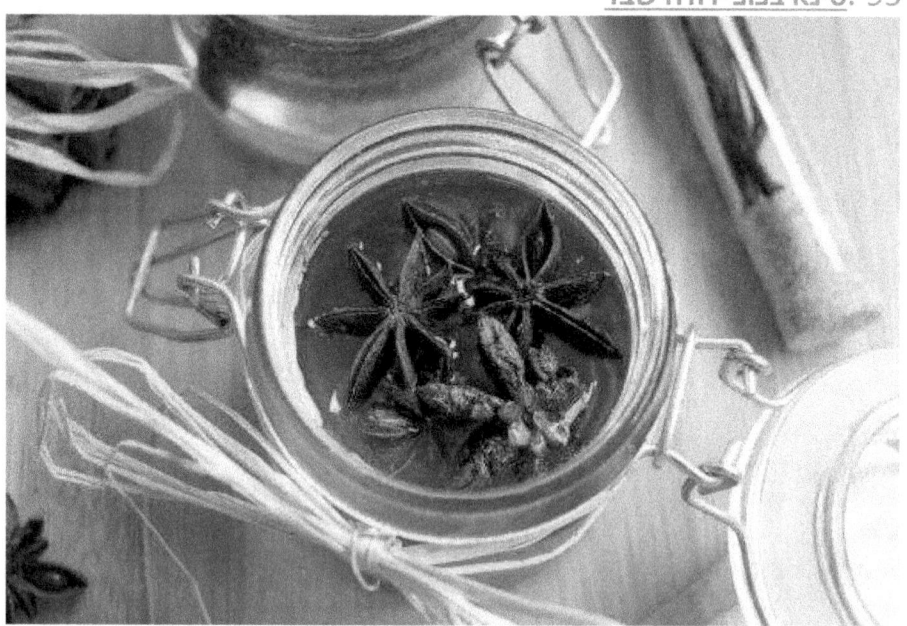

רכיבים:
- ⅛ כוס תרמילי כוכב אניס שלמים ומרוסקים חלקית
- ½ כוס דבש

הוראות:

a) הכניסו את הכוכב אניס לצנצנת ריקה.

b) יוצקים פנימה את הדבש הגולמי ומבטיחים שכל המרכיבים שקועים לחלוטין.

c) סגור את המכסה היטב ואפשר לו לעמוד בשמש.

d) הופכים את הצנצנת לפחות פעם ביום.

e) אפשר לתערובת זו להחדיר לפחות שבוע או עד 3-4 שבועות.

f) מסננים ומאחסנים באזור קריר וחשוך כדי לשמור על טריותו.

96. דבש חדורי ציפורן

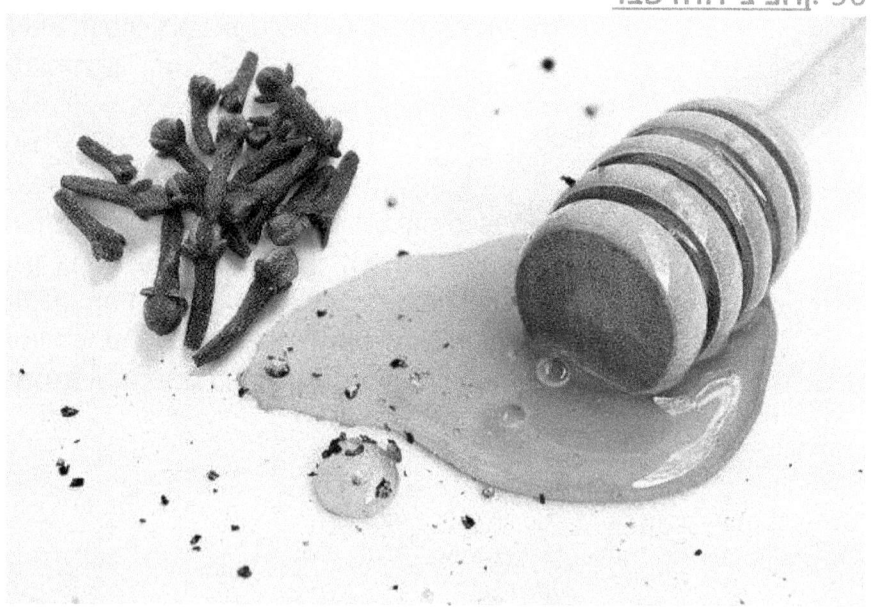

רכיבים:

- ⅛ כוס ציפורן שלמות
- ½ כוס דבש

הוראות:

a) הכניסו את הציפורן השלמות לצנצנת ריקה.

b) יוצקים פנימה את הדבש הגולמי ומבטיחים שכל המרכיבים שקועים לחלוטין.

c) סגור את המכסה היטב ואפשר לו לעמוד בשמש.

d) הופכים את הצנצנת לפחות פעם ביום.

e) אפשר לתערובת זו להחדיר לפחות שבוע או עד 3-4 שבועות.

f) מסננים ומאחסנים באזור קריר וחשוך כדי לשמור על טריותו.

g) השימושים הטובים ביותר כוללים כזיגוג לבשר חזיר, מומס בחלב או ביצים, או מטפטף על קינוחי חג המולד.

97. דבש חדורי ג'לפנו

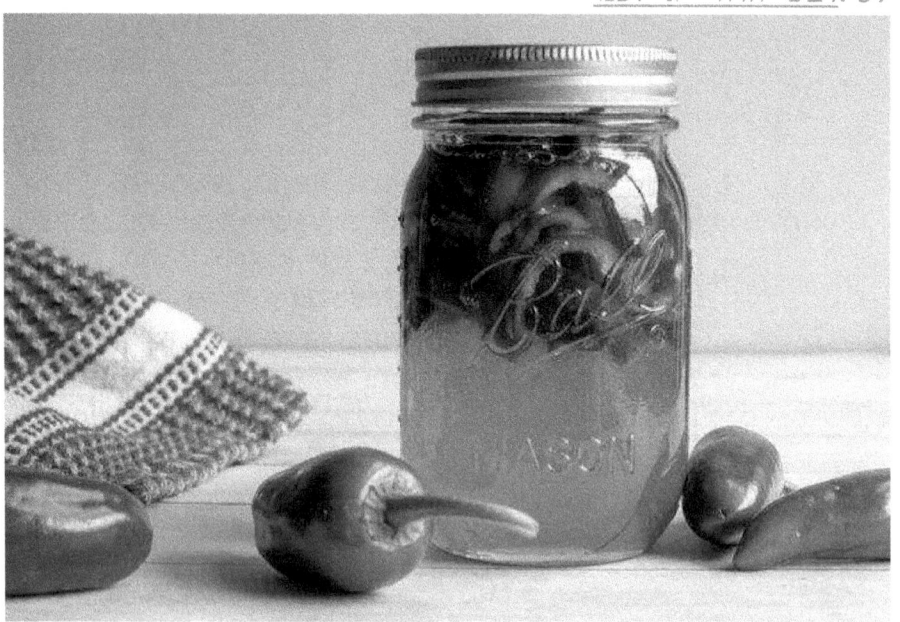

רכיבים:
- 1 כוס דבש
- 1 פרוסת ג'לפנו או יותר לפי טעמכם

הוראות:

a) הכניסו את הג'לפנו לצנצנת ריקה.

b) יוצקים פנימה את הדבש הגולמי ומבטיחים שכל המרכיבים שקועים לחלוטין.

c) סגור את המכסה היטב ואפשר לו לעמוד בשמש.

d) הופכים את הצנצנת לפחות פעם ביום.

e) אפשר לתערובת זו להחדיר לפחות שבוע או עד 3-4 שבועות.

f) מסננים ומאחסנים באזור קריר וחשוך כדי לשמור על טריותו.

98. דבש מושבע בזרעי כוסברה

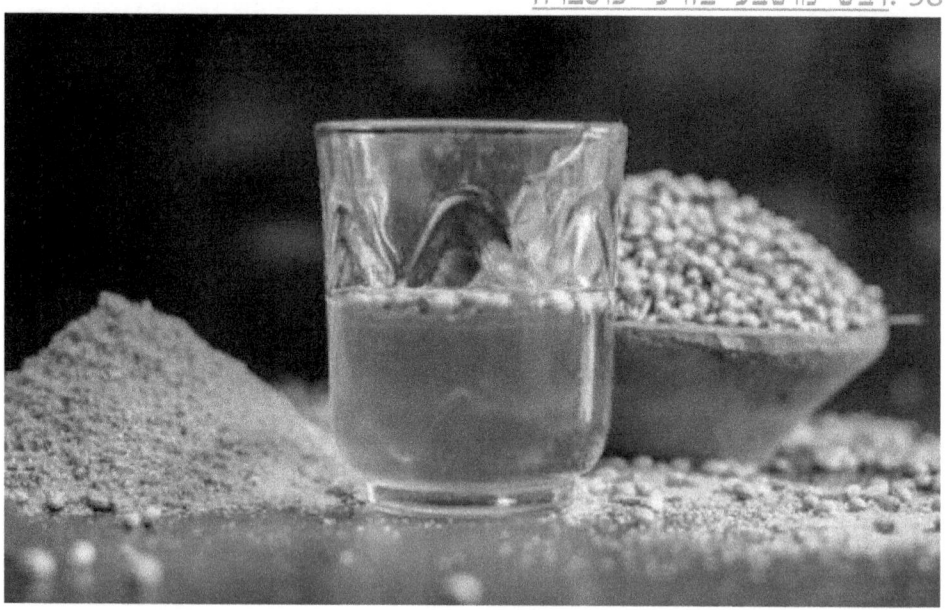

רכיבים:
- 1 כוס דבש
- כף אחת של זרעי כוסברה
- 1 קורט אבקת כוסברה

הוראות:

a) הכניסו את זרעי הכוסברה ואבקת הכוסברה לצנצנת ריקה.

b) יוצקים פנימה את הדבש הגולמי ומבטיחים שכל המרכיבים שקועים לחלוטין.

c) סגור את המכסה היטב ואפשר לו לעמוד בשמש.

d) הופכים את הצנצנת לפחות פעם ביום.

e) אפשר לתערובת זו להחדיר לפחות שבוע או עד 3-4 שבועות.

f) מסננים ומאחסנים באזור קריר וחשוך כדי לשמור על טריותו.

g) הדבש המושרה הזה יכול בקלות להשלים כל מנה מלוחה.

h) אתה יכול גם להוסיף אותו לתה שלך לקבלת טעם וארומה נעימים.

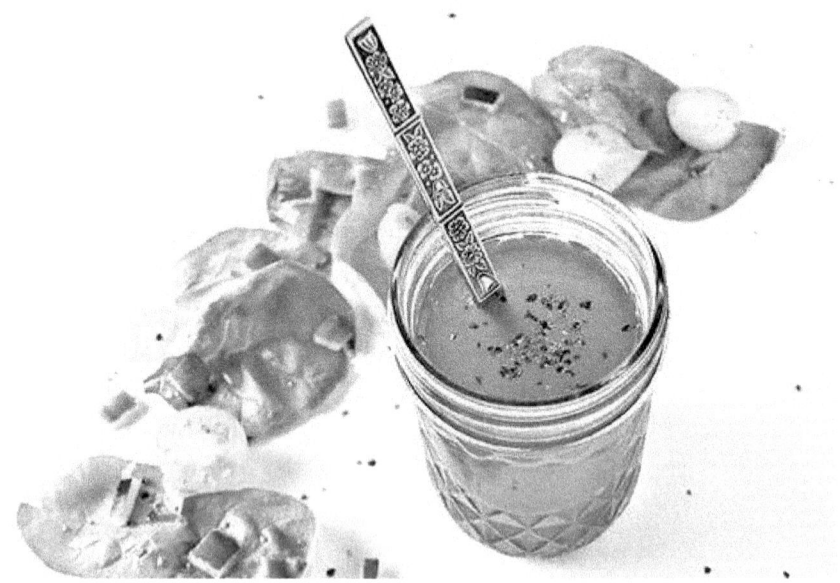

רכיבים:

- 4 כפות חומץ
- 1 כפית זרעי סלרי
- ⅓ כוס דבש
- 1 כף מיץ לימון

הוראות:

a) מערבבים את כל החומרים.

b) מגישים עם סלט פירות.

100 .דבש פרג

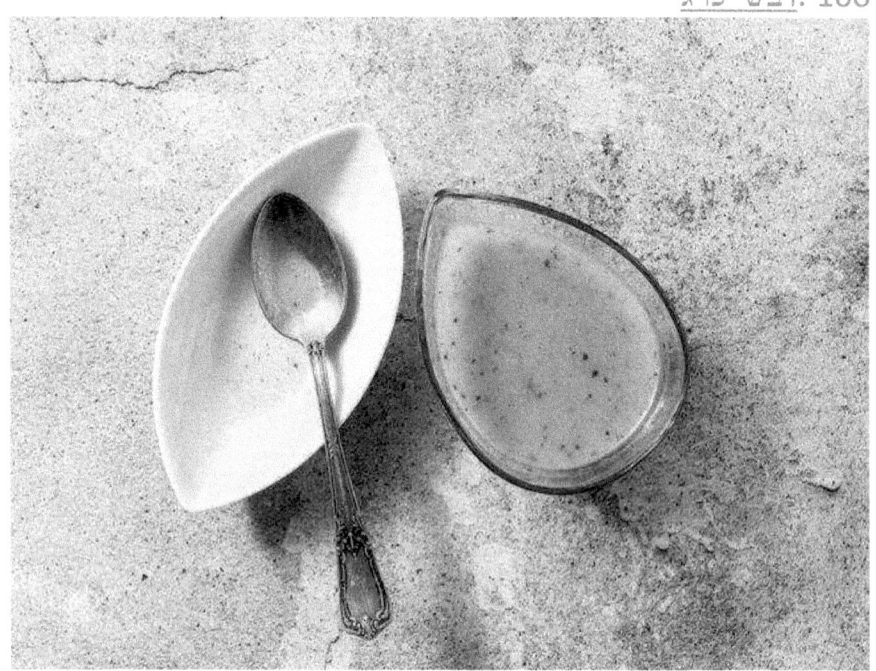

רכיבים:

- 1 כוס שמן
- ⅓ כוס חומץ
- 2 כפות דבש
- 1½ כף פרג

הוראות:

a) .מערבבים את החומץ והדבש בבלנדר עד לקבלת קרם, ואז מערבבים פנימה את הפרג.

b) .שומרים במקרר.

219

מוכיס

לש יביטמיטלואה לושיבה רפס"ש םיווקמ ונא ,הזה םיעטה עסמה תא םימייסמ ונחנאשכ
שבד .דלש חבטמב שבדה לש תיעבטה תוקיתמהו רשועה תא ץמאל הארשה דל ןתנ "שבדה
.תועיצמ ןהש םימיהדמה םימעטלו עבטה לש תונתמה לש ןחוכל תודע הז ;קיתממ קר וניא

ןוחטיבה תא תרבצש םיווקמ ונא ,הז לושיב רפסב תופתושמה תוקינכטהו םינוכתמה םע
םיפטפטמ ,תודנירמל ותוא םירידחמ םתא םא ןיב .תונמ לש בחר ןווגמב שבד בלשל הארשההו
ואיבי שבדב תורשומה תוריציהו ןתי ימ ,םיידוחיי םימעט יבוליש םינחוב וא םיחוניק לע ותוא
.םכלש לכואה ןחלושל האנהו החמש

"שבדה לש יביטמיטלואה לושיבה רפס"ל ןת ,דלש שבדה תואקתפרהל אצוי התאשכ ,ןכל
רקח לש השוחתו תוליעומ תוצע ,םימיעט םינוכתמ דל קפסל ,דלש ןמיהמה היוול ןב תויהל
,שבדה לש יעבטה בוטה תאו םייתואירבה תונורתיה תא ,הבוהזה תוקיתמה תא וצמא .ירנילוק
.קפסמ עבטהש םימיהדמה םימעטל תודעל דופהל םירצוי םתאש הנמ לכל ונתו

לושיב תחמשבו ,עבטה תנתמ לש תוקיתמב ,שבד לש חוחינב אלמתי דלש חבטמהש ןוצר יהי
יעבט גנוע לש עגמ ואיבי דלש שבדב תורשומה תוריציהשו ,חמש לושיב .םיאירב םיביכרמ םע
!החורא לכל

Milton Keynes UK
Ingram Content Group UK Ltd.
UKHW020757061023
430068UK00014B/678

9 781835 644843